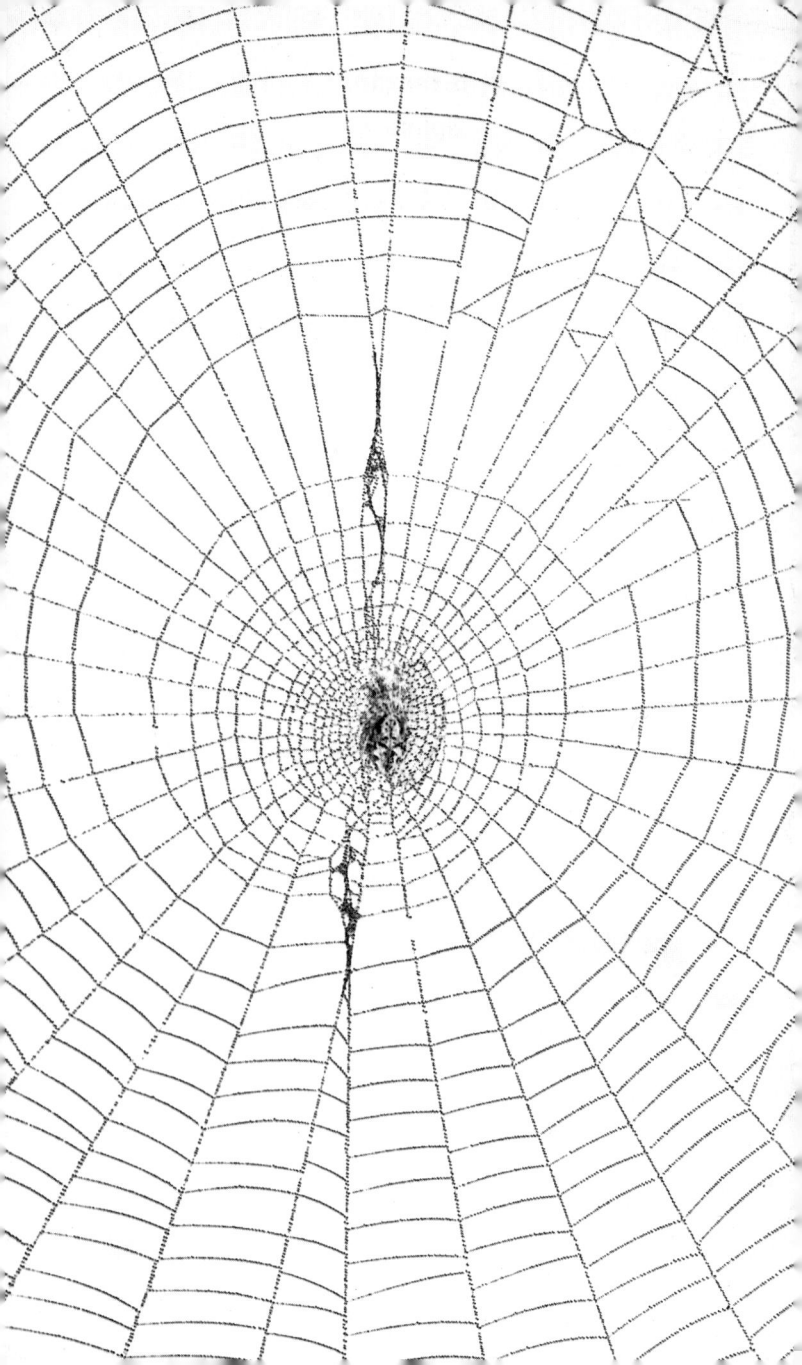

Heiko Bellmann

Spinnen

beobachten – bestimmen

Naturbuch Verlag

Umschlagfotos: Eiablage bei der Wespenspinne *(Argiope bruennichi)*,
Schilfradspinne *(Larinioides cornutus)*, Krabbenspinne *(Misumena
vatia)*.

Die Deutsche Bibliothek – CIP-Einheitsaufnahme

Bellmann, Heiko:
Spinnen: beobachten – bestimmen / Heiko Bellmann.
Augsburg: Naturbuch-Verl., 1992
ISBN 3-89440-064-1
NE: HST

Naturbuch Verlag
© 1992 Weltbild Verlag GmbH, Augsburg
Alle Rechte vorbehalten
Umschlaggestaltung: Peter Engel, Grünwald
Umschlagfotos: Dr. Heiko Bellmann
Fotos und Zeichnungen: Dr. Heiko Bellmann
Satz: Uhl + Massopust, Aalen
Gesamtherstellung: Druckerei Parzeller, Fulda
Printed in Germany

ISBN 3-89440-064-1

Vorwort

Unsere Spinnen sind faszinierende Wesen, die jeden, der sich einmal näher mit ihnen befaßt, in ihren Bann ziehen. Wer einmal alle Vorurteile vergißt und einer Springspinne beim Beutefang oder einer Kreuzspinne beim Netzbau zuschaut, wird begeistert sein. Wer dann schließlich beobachtet, wie eine Wolfspinne die ganze Schar ihrer Jungen auf dem Hinterleib trägt oder eine Kugelspinne ihre Brut von Mund zu Mund füttert, wird endgültig vom »Erreger der Spinneneuphorie« infiziert sein. Ähnlich erging es auch mir seinerzeit, und so reifte allmählich der Wunsch, die vielen kleinen Wunder, die es tagtäglich in der Welt der Spinnen zu entdecken gibt, auch anderen zu vermitteln. Leider ist es heute noch immer so, daß die überwiegende Mehrheit unserer Mitbürger Spinnen als lästig, vielleicht sogar als gefährlich empfindet. Man übersieht dabei, daß auch unsere Spinnen im Kreislauf der Natur eine wichtige Rolle als Vertilger unzähliger Insekten spielen. Vielleicht gelingt es mit diesem Buch, Vorurteile abzubauen und damit dem zu Unrecht verfehmten Geschlecht der Spinnen neue Freunde zuzuführen.

Eine ernsthafte Beschäftigung mit den Spinnen und ihrer Lebensweise ist nicht ganz einfach, da das Bestimmen der meisten Arten nur mit dem Mikroskop und auch erst nach langer Einarbeitung möglich ist. Bei der großen Zahl bekannter Arten ist es außerdem unmöglich, ein Bestimmungsbuch auf Artbasis im Taschenbuchformat herauszubringen. Mit dem vorliegenden Buch ist es aber möglich, alle Spinnen bis zur Familie zu bestimmen. Daneben werden bei den einzelnen Familien häufige und markante Vertreter abgebildet, so daß in vielen Fällen auch durchaus Arten angesprochen werden können. Leider ist es unumgänglich, wissenschaftliche Namen zu verwenden, da es nur für wenige Spinnen deutsche Namen gibt. Das gleiche gilt für die Benennung der einzelnen Körperteile. Ich habe mich aber bemüht, alle Begriffe im Einführungsteil zu erklären; darüber hinaus findet sich am Schluß des Buches ein Verzeichnis der Fachausdrücke mit Erläuterungen.

Ich danke zahlreichen Freunden und Kollegen, die mir durch Rat und Tat zur Seite standen. Besonderen Dank schulde ich Herrn A. Fischer-Nagel vom Neumann-Verlag, der es mir ermöglicht hat, den lange gehegten Wunsch eines allgemeinverständlichen Spinnenbuches zu verwirklichen.

Ulm, im Januar 1984   Heiko Bellmann

Vorwort zur 2. Auflage

Mehr als sieben Jahre sind mittlerweile seit dem Erscheinen der ersten Auflage meines Spinnenführers vergangen. In der Zwischenzeit ist die Naturführer-Reihe vom Neumann-Verlag an den Naturbuch Verlag gegangen. Hierdurch ergab sich die Möglichkeit, den Spinnenführer völlig neu zu bearbeiten und in einer deutlich erweiterten Form neu herauszugeben, wofür ich dem Verlagsleiter, Herrn Erhard Held, meinen aufrichten Dank schulde.

So war es durch die Neubearbeitung möglich, bisher unberücksichtigte Arten zusätzlich aufzunehmen, den Bildteil bei anderen deutlich zu erweitern und schließlich einige bislang unbefriedigende Abbildungen durch völlig neue Aufnahmen zu ersetzen.

Schließlich habe ich versucht, die Nomenklatur auf den neuesten Stand zu bringen. Ich folge dabei im wesentlichen dem kürzlich erschienen Werk von HEIMER & NENTWIG (1991): Spinnen Mitteleuropas. Die neuerlich erfolgte Aufspaltung einiger Familien, so der Finsterspinnen, der Sechsaugenspinnen und der Radnetzspinnen, ließ sich dabei nicht mit letzter Konsequenz im Bestimmungsschlüssel zum Ausdruck bringen, da dies zuviel Platz beansprucht hätte. So wird der Leser teilweise zu zwei Familien geleitet, aber ich denke, daß die Familiendiagnosen, die jeweils zu Beginn der Artabhandlungen stehen, hier zur Trennung reichen müßten.

Erneut möchte ich meinen zahlreichen Freunden und Kollegen danken, die mir jederzeit mit Rat und Tat zur Seite standen. Besonders wertvoll waren für mich die detaillierten Fundortangaben, die ich von verschiedener Seite erhalten habe und ohne die so mancher wichtige Fund nicht möglich gewesen wäre.

Lonsee, im November 1991   Heiko Bellmann

Inhalt

Allgemeiner Teil

Spezieller Teil

Allgemeiner Teil

Vorkommen, systematische Stellung und Körperbau

Die Spinnen, ein uraltes Geschlecht der Gliederfüßer, besiedeln nahezu alle Lebensräume des Landes, z. T. die Oberflächen der Gewässer und mit einer Art – der Wasserspinne – sogar das nasse Element selbst. Als Vertilger zahlloser Insekten sind sie wichtige Glieder zahlreicher Nahrungsketten. Die meisten der etwa 30 000 Arten bewohnen die Tropen und Subtropen; bei uns kommen immerhin über 800 Arten vor.

Zusammen mit einigen verwandten Tiergruppen, den Skorpionen, Pseudoskorpionen, Weberknechten und Milben, bilden die Spinnen die Tierklasse der Spinnentiere *(Arachnida)*. Diese wiederum stellt mit den Klassen der Krebse und Insekten zusammen den Tierstamm der Gliederfüßer *(Arthropoda)*, der mit einer Million bekannter Arten alle anderen Tierstämme in ihrer Artenzahl weit übertrifft.

Die wichtigsten gemeinsamen Merkmale der Spinnentiere sind ihre Körpergliederung und die Zahl der Extremitäten am Vorderkörper.

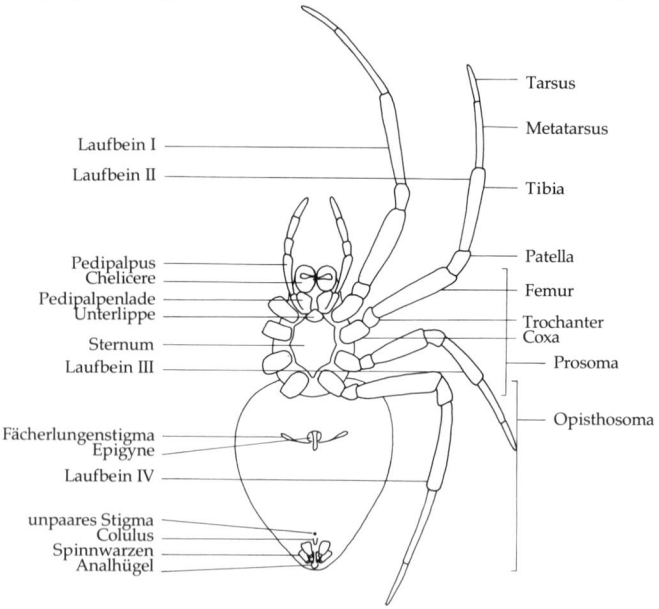

Abb. 1: Körpergliederung einer Radnetzspinne *(Araneus diadematus)*. Laufbeine nur auf einer Körperseite gezeichnet.

Der Körper der Spinnentiere gliedert sich in zwei Abschnitte: einen Vorderkörper (Prosoma) und einen Hinterkörper (Opisthosoma). (Die ebenfalls gebräuchlichen Bezeichnungen Cephalothorax und Abdomen sind nicht ganz korrekt, da sie sich auf die nicht homologe, d. h. anders hergeleitete Körpergliederung der Krebse und Insekten beziehen.) Bei einigen Spinnentieren erfährt diese Zweiteilung des Körpers Abwandlungen. So ist z. B. bei den Skorpionen das Opisthosoma sekundär untergliedert in ein Mesosoma (das dem Prosoma in voller Breite ansitzt) und ein schmales Metasoma, das als schwanzartiger, beweglicher Fortsatz des Körpers entwickelt ist und an seinem Ende den Giftstachel trägt.

Das Prosoma trägt stets 6 Paar Extremitäten. Die erste Extremität wird als Chelicere, die folgende als Pedipalpus bezeichnet. Die weiteren 4 Gliedmaßenpaare sind Laufbeine.

Die Cheliceren bestehen bei den Spinnen (auf die sich alle folgenden Ausführungen beziehen) aus einem massiven Grundglied und einem klauenförmigen, beweglichen Scherenfinger, vor dessen Spitze im allgemeinen Giftdrüsen ausmünden. Die Cheliceren können in zweierlei Weise angeordnet sein. Bei den Orthognatha, den Vogelspinnen im weiteren Sinne, liegen die Grundglieder in Verlängerung der Körperlängsachse, also gerade nach vorn gestreckt; die Giftklauen werden parallel zueinander nach unten und hinten eingeschlagen. Bei den Labidognatha – hierzu zählen alle übrigen Spinnen – ragen die Grundglieder rechtwinklig nach unten oder schräg nach vorn; die Giftklauen zeigen mit den Spitzen zueinander und überkreuzen sich manchmal sogar.

Die Pedipalpen sind laufbeinähnlich, nur kürzer und haben Tasterfunktion. Bei den Männchen besitzt das letzte Glied des Palpus einen oft sehr kompliziert gebauten Fortsatz, den Bulbus. In ihm liegt ein gewundener Samenschlauch. Der Bulbus dient dem Spinnenmännchen als Begattungsorgan (s. Kap. Balz und Paarung).

Die Laufbeine gliedern sich (vom Körper aus) in die Abschnitte Coxa, Trochanter, Femur, Patella, Tibia, Metatarsus und Tarsus. Damit besitzen Spinnenbeine gegenüber Insektenbeinen ein zusätzliches Glied, die Patella. Dies hat eine vielseitigere Beweglichkeit der Beine zur Folge. An der Spitze des Tarsus finden sich 2 oder 3, meist kammförmige Krallen. Daneben sind die Beine mit zahlreichen Haaren, Borsten und Dornen ausgestattet. Neben Tasthaaren sind besondere »Hörhaare«, die Trichobothrien, entwickelt. Dies sind beweglich gelagerte, mit einer Nervenzelle verbundene, dünne Haare. Schon leichte Luftbewegungen, selbst Schallwellen genügen zu ihrer Auslenkung und damit zur Erregung der Nervenzellen.

Zwischen den Coxen (Hüften) der Beine liegt als Rest der Bauchsegmente eine einheitliche Bauchplatte, das Sternum. Von diesem ist vorn ein Fortsatz als Unterlippe abgeschnürt. Diese schließt gemeinsam mit Fortsätzen (Laden) der Pedipalpencoxen den Mundvorraum nach unten ab. Die Nahrung wird durch Verdauungssäfte vor dem Mund verflüssigt und durch den Vorderdarm aufgesogen.

Auf der Oberseite des Prosoma liegen vorn die Augen, die stets als Punktaugen (Ocellen) entwickelt sind. Unsere heimischen Spinnen besitzen 6 oder 8 Augen, die in unterschiedlicher Weise angeordnet und verschieden groß entwickelt sein können. Die Augen geben ein gutes Merkmal zum sicheren Ansprechen vieler Spinnenfamilien ab. Bei den Dysderiden (Sechsaugenspinnen) sind z. B. nur 6 gleichgroße Augen entwickelt, die in einer dichten Gruppe an der Stirn angeordnet sind. Bei den Lycosiden (Wolfsspinnen) finden wir 8 Augen in 3 Querreihen hintereinander: vorn eine Reihe von 4 sehr kleinen Augen, dahinter zwei Reihen von je zwei recht großen Augen. Ähnlich markant sind die Augen beispielsweise auch bei den Salticiden (Springspinnen), Oxyopiden (Luchsspinnen) oder Pholciden (Zitterspinnen) angeordnet. Es bleiben dennoch viele Spinnenfamilien mit gleichartiger Augenanordnung: zwei Querreihen aus je 4 kleinen Augen, wie dies etwa für die Araneiden (Radnetzspinnen) und Linyphiiden (Baldachinspinnen) typisch ist. Entsprechend ihrer unterschiedlichen Größe variiert das Leistungsvermögen der Spinnenaugen sehr. Während die punktförmigen Augen der Gartenkreuzspinne höchstens zu diffusem Silhouettensehen geeignet sind, können Springspinnen mit ihren stark vergrößerten Frontalaugen detailreiche, scharfe Bilder empfangen – dies allerdings nur im Nahbereich. Bei den Springspinnen läßt sich außerdem eine Aufgabenteilung der verschiedenen Augen beobachten. Wenn die Spinne mit ihren weniger leistungsfähigen Seitenaugen eine Bewegung seitlich ihres Körpers wahrgenommen hat, wendet sie sich so weit, bis das bewegte Objekt in den Sichtbereich der Frontalaugen gerät.

Während das Prosoma voll ausgebildete Extremitäten trägt, finden wir am Opisthosoma der Spinnen nur abgewandelte Rudimente von solchen. Hierzu gehören als wichtigste Atemorgane die Fächerlungen. Diese sind entwicklungsgeschichtlich aus blattförmigen Ausstülpungen an Hinterleibsextremitäten entstanden, die später in Körperhohlräume verlagert wurden. Sie sind meist in Zweizahl entwickelt und stehen durch je ein Stigma mit der Außenluft in Verbindung. An der Oberfläche der wie Blätter eines Buches übereinanderliegenden Fächer findet der Luftaustausch statt. Zusätzlich zu diesen Fächerlungen ist bei den meisten Spinnen ein Paar schlauchförmiger Tracheen entwickelt, die sich vereinigen und mit einem gemeinsamen Stigma meist kurz vor den Spinnwarzen ausmünden.

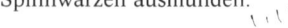

Abb 2: Spinnwarzenregion *(Araneus diadematus)*; Ah Analhügel, Co Colulus, vS, mS, hS vordere, mittlere, hintere Spinnwarzen, Ts unpaares Tracheenstigma.

Neben den Fächerlungen sind als weitere Abwandlungen opisthosomaler Extremitäten die Spinnwarzen entwickelt. Die Spinnwarzen entstehen in der Embryonalentwicklung aus zwei Extremitätenpaaren. Die vier Extremitätenanlagen teilen sich bei der weiteren Entwicklung, so daß sich zwei Querreihen mit je 4 Spinnwarzen bilden. Von diesen 8 Spinnwarzen verschmilzt das vordere mittlere Paar später wieder und wird schließlich auf zweierlei Weise abgewandelt. Bei der überwiegenden Zahl der Spinnen, den Klebfadenweberinnen (Ecribellatae), wird es zum Colulus, einem funktionslosen, kleinen Zapfen vor den Spinnwarzen, reduziert. Bei den Kräuselfadenweberinnen (Cribellatae) dagegen erfährt es eine neue Aufgabe. Hier bildet sich als Abkömmling des vorderen medianen Spinnwarzenpaares das Spinnsieb oder Cribellum.

Das Cribellum, eine einheitliche oder quergeteilte Platte vor den Spinnwarzen, besitzt auf seiner Oberfläche zahlreiche kleinen Spinnspulen. Diese erzeugen feine, stark gekräuselte Fäden, die mit dem Calamistrum oder Kräuselkamm, einer ebenfalls nur bei den Cribellaten vorhandenen Bildung, auf die Fangfäden des Netzes gelegt werden. Das Calamistrum besteht aus einer oder zwei Reihen starrer, gebogener Borsten an den Metatarsen der Hinterbeine.

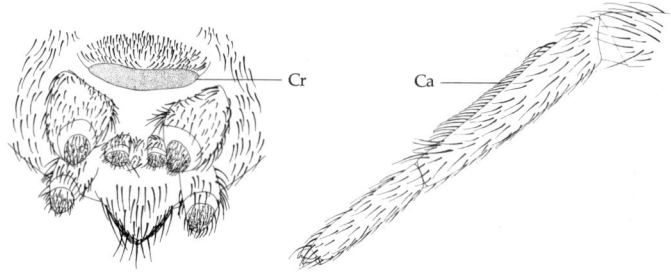

Abb. 3: Spinnwarzenregion und Hinterbeinspitze einer cribellaten Spinne *(Dictyna arundinacea)*; Cr Cribellum, Ca Calamistrum.

Die Spinndrüsen liegen im Innern des Opisthosoma. Man kann verschiedene Drüsenkomplexe zur Produktion jeweils anderer Spinn- und Klebsubstanzen unterscheiden. Die Spinne kann ganz nach den Erfordernissen zwischen glatten, gekräuselten, klebrigen oder unterschiedlich gefärbten Fäden die jeweils gewünschte Sorte auswählen. Der Wechsel zwischen verschiedenen Fadentypen läßt sich besonders bei der Herstellung eines Eikokons gut beobachten.

Hinter den Spinnwarzen mündet im Analhügel der After. Zwischen den beiden Fächerlungenstigmen liegt die Genitalöffnung. Die Weibchen der haplogynen Spinnen zeigen hier keine besonderen Bildungen. Bei den höher entwickelten entelegynen Spinnen dagegen finden sich vor der Genitalöffnung mannigfach gestaltete Armierungen, die als

11

Epigyne bezeichnet werden. Die Epigyne ist so geformt, daß jeweils nur der artgleiche männliche Pedipalpus mit seinem entsprechend geformten Fortsatz in die Genitalöffnung »paßt«. Epigyne und männliche Palpen sind also bei den entelegynen Spinnen artspezifisch geformt und damit oft ein wichtiges Bestimmungsmerkmal. Die haplogynen Spinnen besitzen viel einfacher geformte männliche Taster.

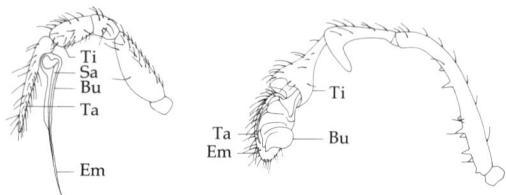

Abb. 4: Pedipalpus eines haplogynen (*Scytodes thoracica*, links) und eines entelegynen Spinnenmännchens (*Erigone atra*, Fam. Linyphiidae, rechts);
Bu Bulbus, Em Embolus, Sa Samenschlauch, Ta Tarsus, Ti Tibia.

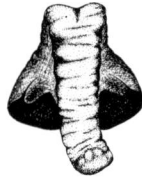 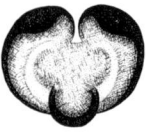

Abb. 5: Epigynen von zwei Spinnenweibchen (*Araneus diadematus*, links, und *Nuctenea umbratica*, rechts).

Im Prosoma der labidognathen Spinnen liegen paarige Giftdrüsen. Bei den orthognathen Spinnen befinden sie sich in den Grundgliedern der Cheliceren. Den Kräuselradnetzspinnen (Uloboridae) fehlen Giftdrüsen völlig; die Speispinne *(Scytodes)* besitzt außer kleinen Giftdrüsen zusätzliche Spinndrüsen, die in den Chelicerenklauen ausmünden. Es gibt nur wenige Spinnen mit gefährlichen Giften. Dabei handelt es sich meist um kleinere Arten, wie etwa die berüchtigte Schwarze Witwe Nordamerikas. Die furchterregenden Vogelspinnen sind in aller Regel völlig harmlos – sie töten ihre Beute (meist Insekten) mechanisch durch die Kraft ihrer gewaltigen Cheliceren, weniger durch Giftwirkung. Unter den heimischen Spinnen besitzt nur der Dornfinger *(Cheiracanthium punctorium)* eine erwähnenswerte Giftigkeit. Sein Biß kann Übelkeit, Schüttelfrost und vorübergehende Lähmungserscheinungen hervorrufen. Die übrigen Arten besitzen entweder zu kurze Chelicerenklauen, die die menschliche Haut nicht durchdringen (z. B. die Gartenkreuzspinne), oder ihr Biß entspricht allenfalls einem Mückenstich.

Netzbauverhalten, Beutefang

Viele Spinnen fangen ihre Beute, indem sie regungslos lauern oder sich anpirschen. Hierzu gehören u. a. fast alle Lycosiden (Wolfspinnen), die Thomisiden (Krabbenspinnen), Salticiden (Springspinnen) und Clubioniden (Sackspinnen). Die tagaktiven Jäger finden ihre Beute durch ein oft gut entwickeltes Sehvermögen, nachtaktive wie die Clubioniden müssen sich auf ihren Tastsinn verlassen: Wenn die Beute eines der Spinnenbeine berührt, greifen sie blitzschnell zu.

Die meisten Spinnen aber stellen spezielle Netze her, um damit Beute zu fangen. Diese Netze können sehr verschiedene Formen haben: Trichternetze, Haubennetze, Baldachinnetze und Radnetze sind die markantesten und verbreitetsten Typen. Daneben gibt es mehr oder weniger unregelmäßige Fanggespinste. Am Beispiel eines Radnetzes soll die Entstehung eines Spinnennetzes geschildert werden.

Die Spinne läßt zunächst aus ihren Spinnwarzen einen Faden austreten, der vom Wind transportiert wird. Bald bleibt er an einer benachbarten Pflanze haften. Daraufhin zieht die Spinne ihn stramm und befestigt ihn an ihrer Warte. Nun läuft sie an diesem bis zu seiner Mitte, von wo aus sie sich »abseilt«; den dabei entstandenen Faden befestigt sie in Bodennähe. Sie zieht auch diesen Faden stramm, so daß die zwei Fäden jetzt die Form eines »Y« bilden. Die Spinne ergänzt die drei nunmehr fertigen, ersten Radien des späteren Radnetzes durch weitere. Wenn etwa 4–8 Radien fertig sind, zieht sie zwischen ihnen den Rahmenfaden, der etwa die Größe des späteren Fangbereichs markiert. Danach spannt sie weitere Radien von der Nabe zum Rahmenfaden und befestigt die Nabe mit einem engmaschigen Gewebe. Nachdem alle Radien fertiggestellt sind, legt die Spinne darüber einen langen Faden, indem sie in Form einer Spirale von der Nabe bis zum Rahmen wandert. Die so entstandene Fadenspirale ist jedoch noch nicht die endgültige Fangspirale, sondern erst die Hilfsspirale, die der Stabilisierung des halbfertigen Netzes dient. Im letzten Arbeitsgang stellt sie jetzt die Fangspirale her, die mit klebrigen Leimtropfen versehen ist. Hierbei bewegt sie sich ebenfalls in einer Spirale, jetzt aber von außen nach innen, und verzehrt gleichzeitig die zuvor hergestellte Hilfsspirale.

Abbildungen der folgenden Doppelseite:

13

Viele Radnetzspinnen, wie *Cyclosa* und *Argiope*, sitzen stets im Netzzentrum. Wenn eine Beute ins Netz fliegt, verrät sie der Spinne durch Erschütterungen ihre Richtung vom Netzzentrum aus. Die Spinne kann daher das Beutetier zielgerichtet aufsuchen, ihren Giftbiß anbringen und das Opfer in Spinnfäden einwickeln. Andere Radnetzspinnen, z. B. *Araneus,quadratus* und *A. marmoreus*, halten sich in einem getarnten Schlupfwinkel, der Retraite, seitlich vom Netz auf. Sie werden durch einen Signalfaden, der zwischen der Nabe und ihrem Schlupfwinkel ausgespannt ist, von den Geschehnissen im Netz unterrichtet.

Balz und Paarung

Vor der Paarung spinnt das Männchen zunächst ein Spermanetz. Dieses hat meist die Form einer Fadengabel mit einem kleinen, dreieckigen Gespinst in der Gabelung. Das Spinnenmännchen gibt aus der Genitalöffnung einen Spermatropfen auf das Gespinst ab und saugt diesen Tropfen anschließend mit seinem Bulbus, dem Tarsalanhang des Pedipalpus, auf. Jetzt ist es paarungsbereit und sucht nach einem Weibchen.

Der eigentlichen Paarung geht oft eine längere Balz voraus. Bei den Radnetzspinnen spannt das Männchen meist einen speziellen Werbe- und Begattungsfaden zum Netz des Weibchens und gibt auf diesem Faden Zupfsignale. Ein paarungswilliges Weibchen hängt sich reglos an diesen Faden und gestattet dem Männchen das Einführen des Bulbus in die Genitalöffnung. Bei optisch jagenden Spinnen, etwa Wolfspinnen und Springspinnen, kommt es meist zu ausdrucksvollen Balztänzen der Männchen, bei denen diese bestimmte, kontrastreich gezeichnete Körperteile, z. B. die Pedipalpen, winkend dem Weibchen präsentieren. Die Listspinne *(Pisaura mirabilis)* bietet eine gefangene eingesponne Fliege an, um so das Weibchen vom möglichen Gattenmord abzulenken.

Die Paarung selbst kann in unterschiedlicher Weise erfolgen. Bei den haplogynen Spinnen kriecht das Männchen von vorn unter den Körper des Weibchens und führt meist beide Tasterbulben gleichzeitig in die weiblichen Samentaschen ein. Etwas komplizierter sind die Verhältnisse bei den entelegynen Spinnen. Hier verankert das Männchen den kompliziert gebauten Bulbus eines Tasters an Fortsätzen der Epigyne und führt nur die Bulbusspitze, den Embolus, in eine der beiden Samentaschen ein. Dann schwillt die Tasterblase, die Haematodocha, an, entfaltet den in Ruhelage spiralig zusammengerollten Bulbus und dreht den Embolus tief ins Innere der Samentasche. Während bei vielen Spinnen die Haematodocha nur einmal anschwillt und anschließend wieder kollabiert, pulsiert sie bei anderen Arten mehrfach, bevor sich der erste Taster löst und dann der zweite zum Einsatz kommt.

Bei den meisten netzbauenden entelegynen Spinnen findet die Paarung in hängender Stellung statt; das Männchen nähert sich von vorn und oben. Die frei jagenden entelegynen Arten paaren sich, indem das Männchen von vorn den Rücken des Weibchens besteigt und dann seitlich einen Taster einführt.

Nach der Paarung trennen sich die Partner meistens friedlich. Es gibt aber auch Arten, etwa die Wespenspinne, bei denen das Weibchen vorzeitig aus seiner lethargischen Paarungsstarre erwacht und jetzt das Männchen als willkommene Beute erkennt. Besonders raffiniert liegen in diesem Zusammenhang die Verhältnisse bei den Streckerspinnen *(Tetragnatha)*. Männchen wie Weibchen verfügen hier über besonders lange, weit gespreizte Cheliceren, das Männchen über zusätzliche, zahnartige Fortsätze an den Grundgliedern. Es umgreift während der Paarung mit seinen Cheliceren die des Weibchens, wobei die weiblichen Cheliceren mit Hilfe der männlichen Giftklauen genau in die Lücken zwischen die Fortsätze der Grundglieder gedrückt und auf diese Weise festgelegt werden. So verhindert das Streckerspinnenmännchen sehr wirksam sein vorzeitiges Ableben.

Eiablage und Kokonbau

Nach der Paarung schwillt der Hinterkörper des Spinnenweibchens im Verlauf einiger Wochen stark an. Dann erfolgt die Eiablage. Die Eier werden aber nicht frei abgelegt, sondern in Spinnfäden eingehüllt. Manche Spinnen (z. B. *Scytodes, Pholcus*), verwenden nur wenige Fäden, andere stellen mehr oder weniger aufwendige, z. T. aus vielen Fadenlagen bestehende Eikokons her. Im folgenden wird am Beispiel der Wespenspinne die Herstellung eines Eikokons beschrieben.

An einem Septemberabend verläßt das Spinnenweibchen mit Einbruch der Dämmerung (oder auch später) sein Fangnetz und webt in der Nähe einige Grashalme mit einem horizontalen Fadengerüst zusammen. Dann webt die Spinne zwischen diese Fäden eine scheibenförmige, weiße Gespinstplatte, die Kokondecke. Darunter entsteht aus lockeren, braunen Fadenschlingen der zylindrische Eiballensockel. Erst jetzt, etwa eine Stunde nach Beginn der Spinntätigkeit, quillt aus der Genitalöffnung der Spinne ein gelber Flüssigkeitstropfen mit einigen hundert Eiern darin. Sie preßt den Eiballen von unten gegen den Eiballensockel, wo er haften bleibt. Die Eiablage dauert etwa drei Minuten. Danach überzieht die Spinne das Eipaket mit einer glatten, weißen Gespinstlage, diese wiederum mit einer Schicht gekräuselter, brauner Fäden. Bei diesem Arbeitsschritt wächst das Volumen des Kokons schnell an. Sobald er etwa seine endgültige Größe erreicht hat, wechselt die Spinne wieder zu weißen Fäden und spinnt damit die feste, äußere Kokonwand. Zum Schluß befestigt sie dunkle Gespinstbänder auf der Wand des Kokons und verankert ihn durch zusätzliche Fäden in der umgebenden Vegetation. Die gesamte Kokonherstellung dauert unter günstigen Bedingungen etwa vier Stunden, kann aber bei kühlem Wetter auch wesentlich mehr Zeit in Anspruch nehmen.

Abbildungen der folgenden Doppelseite:
Eiablage und Kokonbau bei der Wespenspinne *(Argiope bruennichi)*, Allmendingen SA 15. u. 16. 9. 78.

Jugendentwicklung

Im Fall der Wespenspinne schlüpfen die Jungspinnen noch im Herbst aus den Eiern. Sie bleiben aber im Eikokon bis zum nächsten Frühjahr, ohne Nahrung aufzunehmen. Durch die dicken Fadenlagen des Kokons sind sie vor Kälte gut geschützt. Im Mai des folgenden Jahres verlassen sie ihre Winterbehausung und beginnen selbst mit der Netzherstellung.

Während Wespenspinnen niemals Kontakt zu ihren Nachkommen haben, erleben viele andere Spinnenweibchen noch das Ausschlüpfen der Jungen. Lycosiden (Wolfspinnen) tragen ihre Jungen auf dem Hinterleib umher, Pisauriden (Raubspinnen) bewachen sie in speziellen Gespinsten. Bei manchen Spinnen, so bei bestimmten Theridiiden (Kugelspinnen), bei *Coelotes* und *Eresus*, werden die Jungspinnen sogar gefüttert und leben lange Zeit gemeinsam mit der Mutterspinne.

Sobald Jungspinnen sich selbständig machen, sind sie bestrebt, sich von ihrem Geburtsort zu entfernen. Sie erklimmen hochaufragende Gegenstände, wie Zaunpfähle oder Büsche, stellen sich hochbeinig auf und lassen einen Faden aus den Spinnwarzen austreten. Der Faden flutet im Wind, wird immer länger und trägt schließlich die Spinne durch die Luft fort. Diese Erscheinung, die besonders an sonnigen Herbsttagen sehr auffällig sein kann, wird allgemein als »Altweibersommer« bezeichnet. Man kann fliegende Spinnen aber auch zu anderen Jahreszeiten antreffen. Auch adulte, kleine Spinnenarten, besonders Vertreter der Erigoninae (Zwergspinnen), fliegen häufig am Faden. So besiedeln Spinnen schnell neu entstandene Lebensräume und können in kurzer Zeit weite Landstriche erobern. Ein Beispiel aus jüngster Zeit ist hierfür die Wespenspinne.

Als Arthropoden müssen Spinnen sich von Zeit zu Zeit häuten, um wachsen zu können. Sie heften sich dafür meist mit dem Rücken nach unten an ihren Spinnwarzen fest. Dann klappt die Rückenplatte des Prosoma ab, und die noch weiche Spinne arbeitet sich aus der zu klein gewordenen Haut hervor. Bis zur Aushärtung hängt sie mit Hilfe ihrer Spinnwarzen an der leeren Hülle, der Exuvie. Mit jeder Häutung nimmt die Körpergröße sprunghaft zu; zwischen den Häutungen vergrößert sich nur das weichhäutige Opisthosoma. Um erwachsen zu werden, muß sich eine Spinne etwa zehnmal häuten.

Feinde der Spinnen

Spinnen werden von zahlreichen anderen Tieren gefressen, so von Vögeln, Fröschen oder Eidechsen. Viele fallen anderen Spinnen zum Opfer, nicht selten den eigenen Artgenossen. So ist bei manchen Arten, etwa der Wespenspinne, der Gattenmord die Regel. Daneben gibt es auch Spinnen, die darauf spezialisiert sind, andere Spinnen zu erbeuten. In der heimischen Fauna sind es die Arten der Gattung *Ero*, die sich ausschließlich von anderen Spinnen ernähren.

Eine Vielzahl verschiedener Insekten – die ja sonst die Hauptbeute darstellen – hat sich ebenfalls auf Spinnennahrung spezialisiert. Kleine, bucklige Fliegen der Gattung *Ogcodes* leben z. B. als Larven im Spinnenkörper und fressen diesen völlig leer. Manche Schlupfwespen (Familie Ichneumonidae) legen ihre Eier an Spinnen ab. Die ausgeschlüpften Larven heften sich außen am Opisthosoma fest und saugen dieses allmählich aus. Besonders Kugelspinnen sieht man öfter mit derartigen Parasiten auf dem Hinterkörper. Kurz vor der Verpuppung saugt die Schlupfwespenlarve den Spinnenkörper vollends leer und verpuppt sich daneben in einem Kokon. Andere Schlupfwespenarten parasitieren in Eikokons von Spinnen.

Eine Wespenfamilie, die Wegwespen (Pompilidae), hat sich mit allen Arten – bei uns gibt es ca. 80 – auf Spinnen als Nahrung für ihre Brut eingestellt. Die Vertreter dieser Familie sind meist schwarz oder schwarz und rot gefärbt. Besonders in Sandgebieten kann man sie auf der Suche nach Spinnen sehr flink umherlaufend beobachten. Haben sie ein Opfer gefunden, kommt es zu einem kurzen Kampf, den die Wespe durch einen gezielten Stich ins Bauchmark der Spinne für sich entscheidet. Danach transportiert die Wegwespe die gelähmte – nicht getötete – Spinne zu ihrem Nistplatz. Die meisten Arten laufen beim Spinnentransport sehr behende rückwärts, der abgebildete *Pompilus plumbeus* jedoch vorwärts.

Hat die Wespe einen für den Nestbau geeigneten Ort gefunden, legt sie die Spinne zunächst ab und scharrt manchmal etwas Sand darüber. Dann beginnt sie, einen schräg in den Boden hinabführenden Gang zu graben. Sie erweitert das Ende zu einer Kammer, nimmt die Spinne wieder auf und zieht sie in ihr Nest. Dort legt sie ein Ei auf die reglose Spinne und verschließt den Gang wieder. Bereits nach etwa 14 Tagen hat die Wespenlarve ihren Nahrungsvorrat aufgezehrt und sich in einen Kokon eingesponnen. Als Nahrung für eine Larve wird immer nur eine Spinne eingetragen. Daher sieht man Wegwespen oft mit gewaltig großen Spinnen als Beute.

Einen Sonderfall unter den Wegwespen stellt die wärmebedürftige *Eoferreola rhombica* dar. Sie stellt ausschließlich der Röhrenspinne *Eresus niger* nach, trägt die Spinne aber nicht in ein eigens hierfür hergestelltes Nest, sondern beläßt die durch einen Stich gelähmte, aber keineswegs bewegungsunfähige Beute in ihrem Netz. Die nach wenigen Tagen aus dem an der Bauchseite abgelegenen Ei schlüpfende Larve saugt die zunächst noch lebhaft zappelnde Spinne in kürzester Zeit aus. Später findet man im *Eresus*-Netz neben den Resten der ursprünglichen Besitzerin einen länglich-ovalen, rotbraunen Wegwespenkokon, aus dem im nächsten Jahr eine neue Wespe schlüpft. Die Art zählt bei uns zu den größten Raritäten.

Etwas anders liegen die Verhältnisse bei den nahe verwandten Grabwespen (Sphecidae). Auch in dieser Familie gibt es einige Spinnenjäger, die aber immer mehrere Beutetiere für eine Larve in ein bereits vorher fertiggestelltes Nest eintragen. Die Beute ist entsprechend kleiner und kann meistens im Flug transportiert werden.

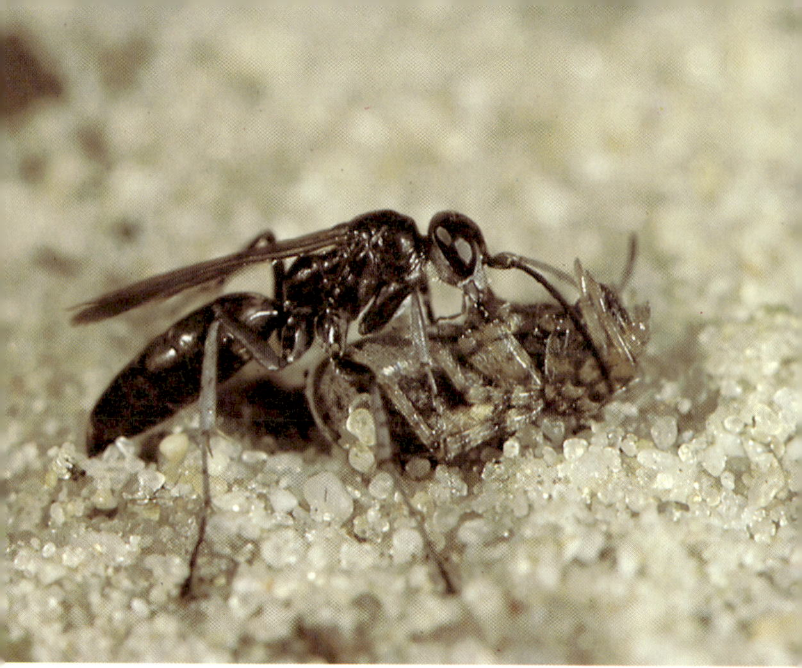

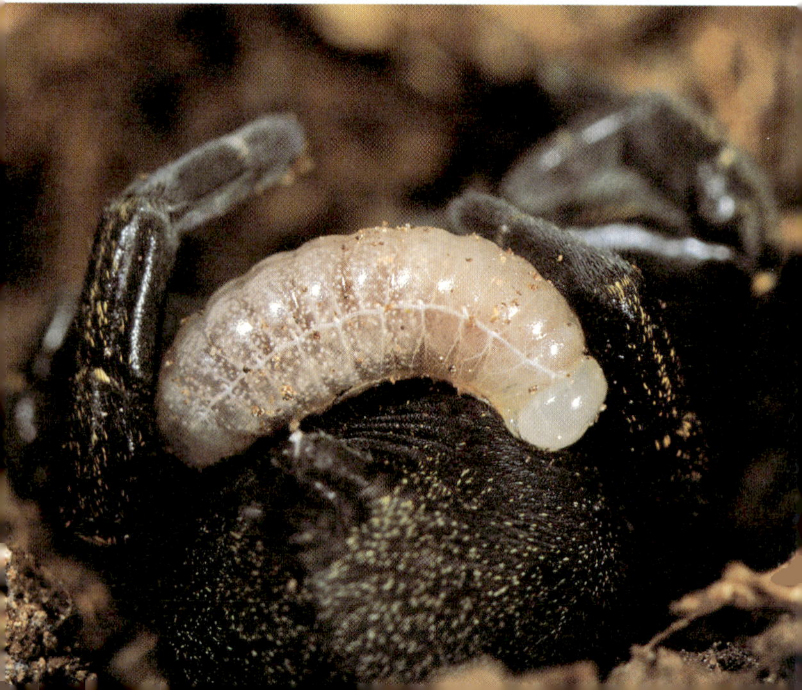

Sammeln und Halten von Spinnen

Zum Sammeln von Spinnen benötigt man zunächst einmal Sammelgläschen. Am besten eignet sich Glas- oder, noch besser, Plastikröhrchen mit dichtschließendem Deckel. In solchen Gefäßen werden die Spinnen einzeln transportiert; kleinere Arten können darin auch lange Zeit gehalten werden. Der Luftvorrat reicht für einige Tage, so daß der Deckel durchaus nicht durchlöchert sein muß.

Man kann Spinnen mit der Hand fangen oder durch das Überstülpen eines Sammelgläschens. Bei sehr kleinen Spinnen erweist sich ein Exhaustor als außerordentlich nützlich. Seine Bestandteile sind ein Sammelgefäß, ein Korken mit zwei Bohrungen und zwei Glasrohre in diesen Bohrungen. Das eine Glasrohr ist gebogen und mit einem etwa 50 cm langen Schlauch versehen, das andere, gerade Glasrohr sollte etwa 5 cm über den Rand des Korkens überstehen. Die Funktionsweise besteht darin, daß man das Ende des Schlauches in den Mund nimmt und Luft ansaugt. Dadurch wird im geraden Glasrohr ein Ansaugdruck erzeugt, der kleine Spinnen und andere Arthropoden in das Fanggefäß zieht. Damit die gefangenen Tiere nicht bis in den Schlauch gelangen, muß natürlich ein feines Sieb vor der inneren Öffnung des gebogenen Glasrohres den weiteren Weg versperren. Außerdem sollte man etwas Zellstoff in das Fanggefäß tun, da sich zarte Spinnen sonst durch den Aufprall auf die Gefäßwand verletzen. Wenn jetzt der Exhaustorkorken auf die Öffnung der Sammelgläschen paßt, kann man schnell die gefangene Spinne zudeckeln und den Exhaustor durch ein neues Gläschen wieder fangbereit machen.

Ein weiteres nützliches Fangutensil ist der sogenannte Klopfschirm. Es handelt sich dabei um einen weißen Leinenschirm etwa vom Durchmesser eines Regenschirms, der durch einen zusammenklappbaren, runden Drahtbügel gespannt wird. Diesen Klopfschirm hält man mit einem seitlich angebrachten Griff unter die Zweige eines Baumes und klopft mit einem Stock gegen diese. Spinnen und andere Arthropoden lassen sich herunterfallen und sind auf dem weißen Schirm jetzt gut sichtbar. Auf diese Weise erhält man zahlreiche, verborgen im Geäst lebende Spinnen, die man im Vorbeigehen übersieht. Notfalls ist auch ein normaler, umgedreht gehaltener Regenschirm geeignet.

Mit einem stabilen Leinenkescher kann man die Bodenvegetation abstreifen. Dieser Kescher sollte etwa 30 cm Durchmesser und einen festen, weißen Leinenbeutel besitzen. Beim Streifen gehen ebenfalls viele Spinnen ins Netz, die man beim einfachen Suchen übersieht.

Abbildungen linke Seite: Feinde der Spinnen
Oben: Wegwespe *(Pompilus plumbeus)* mit erbeuteter Wolfspinne *(Arctosa perita)*, Ehrhorn LH 28. 8. 81
Unten: Röhrenspinne *(Eresus niger)* wird von einer Wegwespenlarve *(Eoferreola rhombica)* ausgesogen. (Soulzmatt EL) 22. 7. 91.

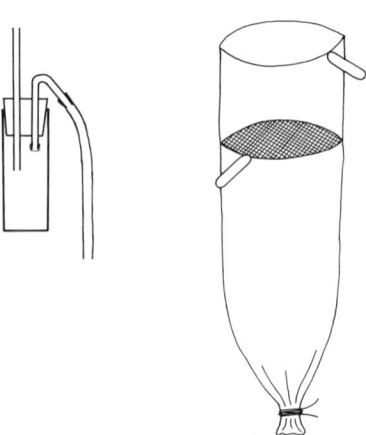

Abb. 6: Zwei nützliche Sammelutensilien: Exhaustor (links) und
Käfersieb (rechts); Beschreibung im Text.

Ein letztes, wichtiges Fanginstrument ist schließlich das sogenannte
Käfersieb. Es besteht aus einem etwa 50 bis 70 cm langen Leinenschlauch von 20 bis 30 cm Durchmesser, in dessen obere Öffnung und
20 bis 30 cm tiefer zwei Metallringe eingelassen sind. Diese Ringe tragen
– um 90° versetzt – außen jeweils einen Handgriff; der untere Ring
enthält außerdem ein Drahtsieb mit etwa 1 cm Maschenweite. Man
bindet nun den Leinenschlauch unten zu und füllt oben Streumaterial
vom Waldboden ein. Dann ergreift man die beiden Metallringe an den
Handgriffen und rüttelt sie kräftig hin und her. Streupartikel und auch
Tiere, die kleiner als 1 cm im Durchmesser sind, fallen durch das Sieb in
den zugebundenen Leinensack. Sobald dieser einigermaßen gefüllt ist,
öffnet man das zugebundene Ende und füllt das Siebgut in andere
Leinensäcke; die gröberen, auf dem Sieb verbliebenen Teile schüttet
man wieder aus. Zu Hause füllt man das Siebgut portionsweise in flache,
weiße Schalen und mustert es unter Zuhilfenahme des Exhaustors
durch. Es ist oft überraschend, wie viele Spinnen und andere Bodenarthropoden jetzt zum Vorschein kommen.
Wenn man auch schwierigere Spinnenfamilien kennenlernen
möchte, ist es unerläßlich, sich eine Sammlung anzulegen. Man tötet
und konserviert kleinere Spinnen in 70-80%igem Ethanol, größere
sollte man vorher besser mit Ethylacetat (»Essigäther«) betäuben. Die
konservierten Spinnen kommen artweise getrennt in kleine Gläschen,
in die man außerdem einen mit Bleistift beschrifteten Fundortzettel legt.
Neuerdings kennt man auch gute Methoden zur Herstellung von
Trockenpräparaten (CYMOREK 1969, HARZ 1975). Die etwas einfachere
Methode des zweiten Autoren sei hier kurz beschrieben. Die Spinnen

werden zunächst getötet (Ethylacetat), genadelt und dann in Aceton gelegt. Da sie darin sehr steif werden, sollte man die Beine gleich ausrichten, was z. B. auf Balsaholzbrettchen gut möglich ist. Nach etwa ein bis zwei Wochen (je nach Größe der Spinne) holt man sie aus dem Acetonbad heraus und trocknet sie an der Luft. Selbst von winzigen Zwergspinnen lassen sich auf diese Weise zufriedenstellende Trockenpräparate erhalten.

Nach der neuen Bundesartenschutzverordnung sind die folgenden Spinnen in der Bundesrepublik Deutschland besonders geschützt:

Arctosa cinerea
Argyroneta aquatica (Wasserspinne)
Dolomedes plantarius
Dolomedes fimbriatus (Gerandete Jagdspinne)
Eresus niger (Röhrenspinne)
Philaeus chrysops

Diese sechs Arten, die alle in diesem Buch auch vorgestellt werden, dürfen damit nicht gefangen worden, obwohl das Fangen von Spinnen (das ohnehin nur von den ganz wenigen Arachnologen, also Spinnenforschern, betrieben wurde) sicher nicht zum Rückgang dieser Tiere beigetragen hat. Sinnvoller wäre es gewesen, etwas gegen die tatsächlichen Ursachen des Artenrückgangs, nämlich die Veränderung und Zerstörung der Lebensräume, zu unternehmen.

Die Lebendhaltung ist eine weitere Möglichkeit des Kennenlernens von Spinnen, vor allem ihrer Verhaltensweisen. Kleine Spinnen kann man gut in Fanggläsern halten, wenn man von Zeit zu Zeit für einen Luftaustausch sorgt. Für größere Arten sind Marmeladengläser oder Terrarien geeignet. Wichtig ist stets eine ausreichende Feuchtigkeit, die aber nicht zur Schimmelbildung führen darf. Als Futtertiere eignen sich Taufliegen *(Drosophila)*, die man in Marmeladengläsern leicht züchten kann, oder Fleischfliegen, deren Larven in Anglergeschäften erhältlich sind. Viele Spinnen sind jedoch Nahrungsspezialisten; sie lassen sich jeweils nur mit ganz bestimmten Beutetieren füttern. Wenn die Literatur hierzu keine Hinweise gibt, ist es oftmals sehr schwierig, solche Spinnen am Leben zu erhalten. Andere Arten – besonders auch solche, die schon natürlicherweise in Häusern leben – lassen sich dagegen manchmal jahrelang halten. Durch die Lebendhaltung kann man viele der sonst schwer sichtbaren Lebensvorgänge, wie Häutung, Paarung und Eiablage, auf Anhieb beobachten.

Abbildungen Seite 26: Spinnenportraits
Oben links: *Atypus piceus* (Urspring SA), 10. 11. 91
Oben rechts: *Dysdera erythrina* (Barterode SN), 2. 4. 77
Unten links: *Araneus diadematus* (Wiblingen OS), 9. 76
Unten rechts: *Tetragnatha extensa* (Niemetal SN), 7. 75
Abbildungen Seite 27: Spinnenportraits
Oben links: *Dolomedes fimbriatus* (Eggersmühlen LH), 1. 5. 85
Oben rechts: *Alopecosa fabrilis* Verden/Aller 7. 4. 88
Unten links: *Cheiracanthium punctorium* (Oberbergen KS), 7. 76
Unten rechts: *Evarcha falcata* (Ulm SA), 1. 7. 89

Fotografische Hinweise

Das Fotografieren von Spinnen gehört mit zu den interessantesten Arbeitsgebieten der Naturfotografie. Da es sich zumeist um kleine Objekte handelt, ist hierfür eine Ausrüstung erforderlich, die zumindest eine Abbildung in natürlicher Größe, also 1:1, ermöglicht. Ich selbst verwende für die meisten Aufnahmen eine Kleinbild-Spiegelreflexkamera mit einem 100-mm-Makroobjektiv. Dieses Objektiv erlaubt die stufenlose Einstellung von Unendlich bis zum Abbildungsmaßstab 1:2, also halbe natürliche Größe. Durch Hinzufügen eines Zwischenringsatzes komme ich auf den erforderlichen Mindestmaßstab 1:1. Oft reicht dieser Maßstab noch nicht aus, um die Spinne groß genug abzubilden. Dann verwende ich statt der Zwischenringe oder zusätzlich zu diesen ein Automatik-Balgengerät. Als Extrem des Abbildungsmaßstabs erhalte ich so den Wert 2,3:1, also mehr als doppelte natürliche Größe. Mit dieser Anordnung sind beispielsweise die Aufnahmen der beiden Baldachinspinnen *Leptyphantes cristatus* und *Porrhomma rosenhaueri* in ihrer natürlichen Umgebung entstanden.

Um ein Stativ entbehren zu können, gibt es nur ein Rezept: Blitzen. Durch mehr als zehnjährige Erfahrungen hat sich der Einsatz von zwei kleineren Elektronenblitzen mit einer Leitzahl von ca. 20 am besten bewährt. Ich befestige die Blitze mit einer Eigenkonstruktion in Höhe der Frontlinse, etwa 15 cm von der optischen Achse entfernt. Für spezielle Ausleuchtungsprobleme (etwa bei der in einer Blattrolle sitzenden Radnetzspinne *Araneus alsine*) können die Blitze unmittelbar neben das Objektiv gebracht werden. Um eine möglichst natürlich wirkende Ausleuchtung zu erreichen, sollte bei einer Spinne, deren Kopf nach links zeigt, der linke Blitz in Objektivhöhe, der rechte etwas höher angebracht sein. So erreicht man, daß der Schwerpunkt des Lichtes vorn auf der Spinne, der stärkste Schatten unter ihrem Hinterkörper liegt.

Die geschilderte Geräteanordnung erlaubt freihändiges Arbeiten bis zu einem Abbildungsmaßstab von etwas mehr als doppelter natürlicher Größe. Damit wird man die meisten fotografischen Probleme lösen können. Manche Aufgaben, etwa Portraits kleiner Spinnen, erfordern aber Maßstäbe von 3:1 und mehr und damit eine andere Arbeitsweise. Ich verwende dann – je nach gewünschter Abbildungsgröße – Objektive von 55 oder 28 mm Brennweite, die ich mit einem Umkehrring in Retrostellung am Balgengerät anbringe. Die Funktion der Springblende läßt sich durch einen elektromagnetischen Fernauslöser aufrechterhalten, der in den Drahtauslöseranschluß eines Abblendringes geschraubt und durch den FP-Kontakt am Kameragehäuse gezündet wird (etwas für Bastler). Der FP-Kontakt (ein Spezialkontakt für langsam aufleuchtende Blitzbirnen) wird kurz vor dem Verschlußablauf geschlossen; er sorgt in unserem Fall dafür, daß die Blende zum Scharfstellen offen, während der Aufnahme aber auf den vorgewählten Wert geschlossen ist. Auf diese Weise lassen sich freihändige Aufnahmen bis etwa zum Abbildungsmaßstab 10:1 herstellen. So entstand z. B. die Portraitaufnahme von *Dysdera erythrina* (ca. 7:1), auch wieder ohne Stativ. Eine perfekte Ausrüstung ist allerdings noch längst kein zuverlässiger Garant für perfekte Aufnahmen. Beim Blitzen ist z. B. stets der Hintergrund zu beachten. Liegt er allzuweit vom eigentlichen Aufnahmeobjekt entfernt, erscheint er später auf der Aufnahme ganz schwarz. Hier gibt es eine elegante, wenn auch nicht ganz einfache Möglichkeit: Mischlicht. Man mißt über den Belichtungsmesser die Hintergrundhelligkeit und stellt mit dem Zeitenknopf etwa zwei Lichtwerte Unterbelichtung ein – der Blendenwert muß unangetastet bleiben, da er durch die Blitzhelligkeit feststeht. So erreicht man mit Belichtungszeiten von fast 1/8 bis 1/15 s einen zwar etwas dunklen, aber gut durchgezeichneten Hintergrund. Ein Beispiel für diese Methode ist die Gartenkreuzspinne vor einem weit entfernten Holzstoß (S. 83).

Es gibt aber auch Situationen, bei denen geblitzte Aufnahmen zu wenig von der besonderen Atmosphäre einer speziellen Aufnahmesituation erkennen lassen. Hierzu gehören beispielsweise Spinnennetze im Gegenlicht. Diese wirken am besten in der natürlichen Beleuchtung, vor allem mit langen Brennweiten und weit geöffneter Blende, da sie sich dann besonders gut vom aufgelösten Hintergrund abheben. Hierfür verwende ich meist ein 200-mm-Makroobjektiv in Kombination mit einem Einbeinstativ.

Während ich früher ganz auf den schärfsten Film auf dem Weltmarkt, den Kodachrome 25, eingeschworen war (die meisten Aufnahmen in diesem Buch sind damit entstanden), steht für mich heute mehr die Farbwiedergabe im Vordergrund. Ein in dieser Hinsicht voll zufriedenstellendes Material sehe ich im Velvia von Fuji, der zugleich etwas empfindlicher ist als der Kodachrome 25, ihm aber in der Schärfeleistung kaum nachsteht (fast alle Fotos von 1991 entstanden mit diesem Film). Für ungeblitzte Aufnahmen der Spinnennetze wurden noch etwas empfindlichere Filme verwendet (Ektachrome 100 und Fujichrome 100).

Und schließlich eine letzte, wichtige Verhaltensmaßregel: Ich fotografiere grundsätzlich nur lebende, unmanipulierte Spinnen. Nur so lassen sich wirklich natürliche Aufnahmen erzielen. Es ist war oftmals recht schwierig, eine wild umherhüpfende Springspinne zum Stillsitzen zu überreden, doch sind rundum befriedigende Fotos nun einmal nur mit sehr viel Geduld möglich. Viele der in diesem Buch gezeigten Bilder sind nur diesem letzten, aber über alles entscheidenden Faktor zu verdanken.

Spezieller Teil

Bestimmungsschlüssel der Spinnenfamilien

Zum Bestimmen ist eine gute Lupe mit mindestens 10facher, besser 20-facher Vergrößerung erforderlich. Noch besser eignet sich ein Stereomikroskop mit etwa 50facher Maximalvergrößerung. Um alle Merkmale genau zu studieren zu können, wird sich eine Konservierung der Spinnen meist nicht umgehen lassen. Der Schlüssel ist nach dem dichotomen Prinzip aufgebaut, d. h. man hat sich jeweils zwischen zwei Alternativen – Zahl und Strich – zu entscheiden und wird dann jeweils zu einer neuen Zahl oder zu einem Ergebnis hingeführt.

S-1
Atypus:
Prosoma
lateral

1. Chelicerengrundglieder nach vorn gerichtet, Klauen parallel zueinander orientiert (S-1) (Orthognatha).
   Atypidae (Tapezierspinnen) S. 40

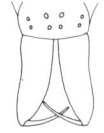

S-2
Cheiracanthium:
Prosoma frontal

– Chelicerengrundglieder nach unten oder schräg nach vorn gerichtet, Klauen gegeneinander eingeschlagen (S-2) (Labidognatha). 2

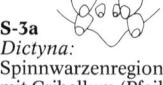

S-3a
Dictyna:
Spinnwarzenregion
mit Cribellum (Pfeil)

S-3b
Nigma: Cribellum

2. Vor den Spinnwarzen befindet sich ein zusammenhängendes (S-3a) oder geteiltes (S-3b) Spinnsieb (Cribellum). Metatarsus der Hinterbeine mit Kräuselkamm (Calamistrum) (S-4) (Cribellatae). 3

– Cribellum und Calamistrum fehlen (Ecribellatae). 6

S-4
Dictyna:
Bein IV mit
Calamistrum
(Pfeil)

3. Kurzbeinige, robuste Spinnen mit abgestutztem Vorderende des Prosoma (Springspinnen-Habitus, aber ohne große Augen, S. S-5). ♀ einfarbig schwarz oder mit gelbbehaarter Stirn, ♂ roter Hinterleib mit 4 schwarzen Flecken (S-5).
   Eresidae (Röhrenspinnen) S. 42

– anderer Habitus 4

S-5
Eresus ♂

4. In Radnetzen oder an trockenen Fichtenzweigen und dort den Signalfaden eines
dreieckigen Netzes (S-6) haltend. Augenstellung wie in S-7 oder S-8.
Uloboridae (Kräuselradnetzspinnen) S. 50

– In anderen Netzen oder frei unter Steinen. 5

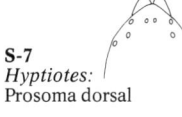

S-6
Hyptiotes:
Fangnetz

5. Höchstens 5 mm groß (dann mit grünem
Hinterkörper). Weben unregelmäßige Net-
ze, meist an Pflanzen.
Dictynidae (Kräuselspinnen) S. 46

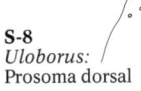

S-7
Hyptiotes:
Prosoma dorsal

– Mindestens 5 mm groß, Hinterkörper nie
grün. Weben Trichternetze unter Steinen,
in Felsspalten oder unter Baumrinde.
Amaurobiidae (Finsterspinnen) und
Titanoecidae S. 48

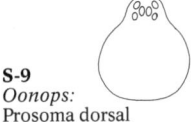

S-8
Uloborus:
Prosoma dorsal

6. 6 Augen, ♀ ohne Epigyne (Haplogyne). 7

– 8 Augen, ♀ mit Epigyne (Entelegynae). 9

S-9
Oonops:
Prosoma dorsal

7. Höchstens 2 mm groß. Hellrosa bis rot
gefärbt. Augenstellung wie in S-9.
Oonopidae (Zwergsechsaugen)

4 seltene Arten, die in Häusern oder im
Freiland, z. T. in Netzen anderer Spinnen leben. Hier nicht weiter behandelt.

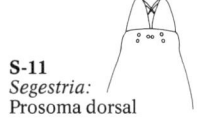

S-10
Dysdera:
Prosoma dorsal

– Mindestens 4 mm groß. 8

S-11
Segestria:
Prosoma dorsal

8. Prosoma einfarbig. Leben in röhrenförmigen Gespinsten oder tagsüber in Gespinstsäcken. Augenstellung wie in S-10 oder
S-11.
Dysderidae und **Segestriidae** S. 54

S-12
Scytodes:
Prosoma dorsal

– Prosoma mit dunkler »lyraförmiger«
Zeichnung (S-12). Fast nur in Häusern,
keine Fangnetze. **Scytodidae** s. 56

31

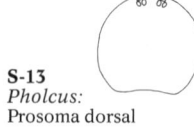

S-13
Pholcus:
Prosoma dorsal

9. Beine auffallend lang (etwa 4-5 fache Körperlänge), dadurch »Weberknecht-Habitus«. Augenstellung wie in S-13. Leben in unregelmäßigen, aus wenigen Fäden bestehenden Gespinsten, vor allem in Häusern.
Pholcidae (Zitterspinnen) S. 58

– Beine von höchstens dreifacher Körperlänge. 10

S-14
Zodarion:
Prosoma dorsal

10. Charakteristische Augenstellung (S-14): vorn in der Mitte ein Paar relativ großer, dunkler Augen, seitlich davon in nach innen gekrümmten Kreisbögen je 3 helle, kleinere Augen. Vordere Augen relativ weit vom Vorderrand des Prosoma entfernt.
Zodarionidae (Ameisenjäger) S. 60

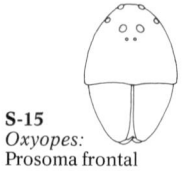

S-15
Oxyopes:
Prosoma frontal

– Augenstellung anders 11

11. Augen in 4 Querreihen angeordnet (S-15). Stirn sehr hoch und nach oben etwas zugespitzt. Beine auffallend stark bestachelt (S-16).

Oxyopidae (Luchsspinnen) S. 136

S-16
Oxyopes:
Patella und Tibia
Bein I

– Augen in 2 oder 3 Querreihen 12

12. Augen in 3 Querreihen. 13

– Augen in 2 Querreihen (die etwas gebogen sein können). 16

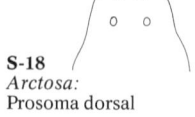

S-17
Evarcha:
Prosoma dorsal

13. Stirn von oben gesehen breit und gerade abgestutzt. Das mittlere Augenpaar der 1. Reihe auffallend vergrößert, Augen der 2. Reihe sehr klein und oft schwer sichtbar (S-7).
Salticidae (Springspinnen) S. 164

– Vordere Mittelaugen nicht auffallend vergrößert 14

S-18
Arctosa:
Prosoma dorsal

14. Das Trapez, das die hinteren 4 Augen bilden, ist etwa so lang wie breit (S-18). Überwiegend tagaktive, frei jagende Spinnen, die ihre Eikokons an den Spinnwarzen und

S-19
Dolomedes:
Prosoma dorsal

S-20
Zora:
Prosoma dorsal

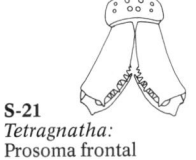

S-21
Tetragnatha:
Prosoma frontal

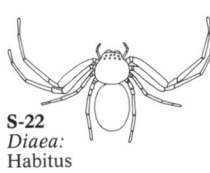

S-22
Diaea:
Habitus

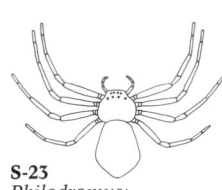

S-23
Philodromus:
Habitus

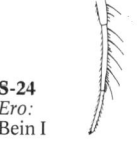

S-24
Ero:
Bein I

Jungspinnen auf dem Hinterleibsrücken tragen.
Lycosidae (Wolfspinnen) S. 124

– Trapez der hinteren Augen deutlich breiter als lang (S-19). 15

15. Augen der 1. Reihe deutlich kleiner als die übrigen (S-19). Tagaktive, frei jagende Spinnen, die ihre Eikokons mit den Cheliceren tragen und die Jungspinnen in einem kuppelförmigen Gespinst bewachen.
Pisauridae (Raubspinnen) S. 118

– Alle Augen etwa gleichgroß (S-20). Vorwiegend nachtaktive Bodenspinnen.
Zoridae S. 148

16. Cheliceren auffallend groß, innen mit starken Dornen (S-21). Oft sehr schlank und langbeinig.
Tetragnathidae (Streckerspinnen und Kieferspinnen) S. 104

– Cheliceren nicht zugleich sehr groß und stark bedornt 17

17. Beine flach seitwärts gerichtet (S-22, S-23). 18

– Beine nicht flach seitwärts gerichtet. 19

18. Vordere 2 Beinpaare deutlich länger und kräftiger als die hinteren (S-22).
Thomisidae (Krabbenspinnen) S. 152

– Vordere Beine nicht deutlich länger als die hinteren (S-23).
Philodromidae (Laufspinnen) S. 160

19. Tibia und Metatarsus der vorderen 2 Beinpaare mit einer Reihe langer, etwas gebogener Stacheln (S-24). Habitus kugelspinnenartig, aber Hinterkörper mit 2 oder 4 Höckern.
Mimetidae (Spinnenfresser) S. 108

– Vordere Beine nicht derartig bestachelt. 20

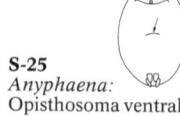

S-25
Anyphaena:
Opisthosoma ventral

20. Das unpaare Tracheenstigma liegt in der Bauchmitte des Opisthosoma (S-25). Auf dem Hinterleibsrücken eine Zeichnung aus 4 schwarzen, etwa dreieckigen Flecken (S-26).

Anyphaenidae (Zartspinnen) S. 148

– Kein unpaares Tracheenstigma in der Bauchmitte. 21

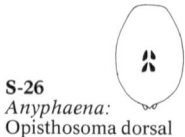

S-26
Anyphaena:
Opisthosoma dorsal

21. Das unpaare Tracheenstigma liegt dicht hinter den paarigen Fächerlungenstigmen (S-27). Lebt im Wasser.

Argyronetidae S. 116

– Das unpaare Tracheenstigma liegt dicht vor den Spinnwarzen (S-28), meist ist es schwer sichtbar. 22

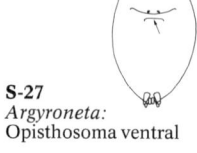

S-27
Argyroneta:
Opisthosoma ventral

22. Alle 6 Spinnwarzen liegen in einer geraden Querreihe nebeneinander (S-29).

Hahniidae (Bodenspinnen)

Höchstens 3 mm große, am Boden lebende Spinnen. Die unscheinbaren ca. 10 Arten sind feuchtigkeitsliebend und z. T. häufig. Hier nicht weiter behandelt.

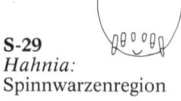

S-28
Araneus:
Spinnwarzenregion
mit Stigma (Pfeil)

– Spinnwarzen nicht in einer Querreihe. 23

23. Hintere Spinnwarzen deutlich zweigliedrig, Endglied mindestens halb so lang wie das Grundglied (S-30). Weben Trichternetze.

Agelenidae (Trichterspinnen) S. 110

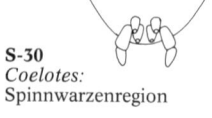

S-29
Hahnia:
Spinnwarzenregion

– Hintere Spinnwarzen nicht deutlich zweigliedrig, weben keine Trichternetze. 24

24. Fast einfarbig grün (♀) oder grün mit gelb und rot gestreiftem Hinterkörper (♂).
Heteropodidae (Riesenkrabbenspinnen)
S. 150

S-30
Coelotes:
Spinnwarzenregion

– Spinne anders gefärbt. 25

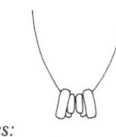

S-31
Drassodes:
Spinnwarzenregion

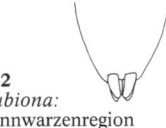

S-32
Clubiona:
Spinnwarzenregion

S-33
Araneus:
Spinnwarzenregion

S-34
Steatoda:
Tarsus IV

S-35
Nesticus:
Körperzeichnung

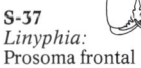

S-36
Araneus:
Prosoma frontal

S-37
Linyphia:
Prosoma frontal

25. Vordere Spinnwarzen lang, zylindrisch bis konisch (S-31, S-32). Vorwiegend nachtaktive, frei jagende Spinnen, die sich tagsüber meist in Gespinstsäcken aufhalten.   26

– Vordere Spinnwarzen kurz, stark konisch (S-33). Weben Fangnetze   27

26. Vordere Spinnwarzen zylindrisch, in Ruhelage parallel oder auseinanderweichend. (S-31).
Gnaphosidae (Plattbauchspinnen) S. 138

– Vordere Spinnwarzen konisch, in Ruhelage zusammenneigend (S-32).
Clubionidae und **Liocranidae** S. 142

27. Tarsen der Hinterbeine unten mit einer Reihe starker, gesägter Borsten (S-34). Weben Haubennetze oder unregelmäßige Gespinste.   28

– Tarsen der Hinterbeine ohne derartige Borstenreihe. Weben Radnetze, Baldachinnetze oder Gespinstteppiche.   29

28. Grundfärbung weißlich oder gelblich mit dunklem, zweimal eingeschnürtem Längsband auf dem Prosomarücken und paariger, grauer Fleckenzeichnung auf dem Opisthosoma (S-35). Lebt in Höhlen und an anderen dunklen, feuchten Orten.
Nesticidae (Höhlenspinnen) S. 70

– Körper anders gezeichnet.
Theridiidae (Kugelspinnen) S. 62

29. Der Abstand der vorderen Mittelaugen vom Unterrand der Stirn entspricht etwa dem Durchmesser dieser Augen (S-36).
Araneidae (Radnetzspinnen) S. 82

– Vordere Augenreihe wesentlich weiter vom Stirnrand entfernt (S-37).
Linyphiidae und **Theridiosomatidae** S. 72
u. 106

Tabellarische Übersicht: Spinnennetz

Aussehen des Netzes bzw. Gespinstes	Familie oder Gattung	Beschr. Seite
geschlossener Schlauch, der sich unterirdisch fortsetzt	*Atypus*	40
geschlossener Gespinstsack, meist unter Baumrinde, unter Steinen oder zwischen Blättern	Clubionidae Drassodidae Dysderidae Salticidae	142 138 54 164
kugeliges Gespinst, mit Pflanzenteilen u. ä. verkleidet	*Zodarion* Theridiidae	60 62
Unterwassernetz, das durch Luftblase emporgewölbt wird	*Argyroneta*	116
unterirdische Gespinströhre, die von einem Gespinstteppich überdacht ist	*Eresus*	42
Haubennetz; oben Schlupfwinkel, nach unten Klebfäden	Theridiidae	62
unregelmäßiges Deckennetz, nach unten Klebfäden	Theridiidae *Nesticus*	62 70

unregelmäßiges Netz an Pflanzen mit Schlupfwinkel im Zentrum — *Dictyna* 46, Theridiidae 62

horizontale Gespinstdecke, von unten verspannt, darüber meist »Stolperfäden« — Linyphiidae 72

Trichternetz, das in Röhre übergeht — Agelenidae 110, Amaurobiidae 48, *Segestria* 54, *Aulonia* 134

normales Radnetz, Nabe geschlossen — Araneidae 82

Radnetz, Nabe offen

Meta 104
Metellina 102
Tetragnatha 100

Radnetz mit ausgespartem Sektor, in diesem Bereich ein Signalfaden zum Schlupfwinkel der Spinne

Zygiella 98

Radnetz mit zickzackförmigem Stabiliment über und unter der Nabe

Argiope 96

vertikales Radnetz mit geradem Stabiliment über und unter der Nabe, auf dem Stabiliment oft Beutereste u.ä.

Cyclosa — 96

horizontales Radnetz mit unregelmäßig angeordneten, 2 oder 3 geraden Stabilimenten

Uloborus — 50

trichterförmig gespanntes Radnetz, die Spinne spannt es durch Zusammenraffen des an der Nabe ansetzenden Signalfadens

Theridiosoma — 106

Dreiecknetz mit 3 Sektoren, die in einen Signalfaden auslaufen

Hyptiotes — 52

Familie Atypidae (Tapezierspinnen)

Die Atypiden sind die einzigen heimischen Vertreter der orthognathen Spinnen, also der Vogelspinnen i. w. S. Das besondere Merkmal dieser altertümlichen Spinnengruppe sind die mächtigen, gerade nach vorn gerichteten Grundglieder der Cheliceren mit parallel zueinander orientierten Giftklauen (S-1). Die drei in Mitteleuropa vorkommenden Arten sind am besten durch den Bau der Spinnwarzen zu unterscheiden (KRAUS u. BAUR 1974).

Atypus piceus

Atypus piceus wird einschließlich der Cheliceren etwa 15 mm groß. Die Färbung ist meist braunschwarz ohne hellere Zeichnungen. Die hinteren Spinnwarzen sind auffallend lang und dreigliedrig. Die 8 kleinen Augen liegen dichtgedrängt auf einem Hügel am Vorderrand des Prosoma. Sehr auffallend sind die massigen, gerade nach vorn gerichteten Chelicerengrundglieder.

A. piceus lebt kolonieweise auf Trockenrasen und am Rande von Kiefernwäldern, meist auf geneigten, südexponierten Flächen. Die Kolonien sind allerdings schwer zu finden, da sich die Spinnen zeitlebens (mit nur kurzfristigen Ausnahmen) in mit Gespinst ausgekleideten Erdröhren aufhalten. Dieses Gespinst setzt sich oberirdisch in einen etwa fingerlangen und -dicken Schlauch fort, der mit Partikeln aus der Umgebung (Moos, Erdkrumen usw.) maskiert ist. Während die Tapezierspinne tagsüber am Grund der Röhre ruht, sitzt sie nachts an der Decke des oberirdischen Fangschlauchs und greift durch das Gewebe hindurch alle Beutetiere, die dieses überqueren, etwa Asseln und Tausendfüßer.

Die Paarungszeit liegt vorzugsweise im Juni und Juli. Zu dieser Zeit sind die etwas langbeinigeren, tiefschwarzen Männchen auch frei am Boden zu beobachten. Sie suchen nach den Schläuchen der Weibchen, weichen das Gewebe durch Speicheltropfen auf und dringen ins Innere ein, wo später die Paarung stattfindet. Nach der Paarung spinnt das Weibchen in seiner Wohnröhre den Eikokon. Die geschlüpften Jungspinnen überwintern gemeinsam mit der Mutter. Im ersten Frühling verlassen sie das Gespinst, klettern an Pflanzen empor und lassen sich am Fadenfloß davontragen. Sie können das geradzu »biblische« Alter von etwa zehn Jahren erreichen.

A. piceus kommt nur im südlichen und mittleren Deutschland vor. Die besten Chancen, eine Kolonie zu finden, hat man im Herbst, wenn bei den Fangschläuchen frische Erdhaufen aufgeworfen werden.

A. piceus im geöffneten Gespinstschlauch, Ringingen SA 12. 9. 77
Fangschlauch von *Atypus piceus*, Ringingen SA 10. 5. 77

Familie Eresidae (Röhrenspinnen)

Die Eresiden und die folgenden vier Spinnenfamilien zählen zu den cribellaten Spinnen. Diese fangen ihre Beute nicht mit Hilfe von Klebtropfen, sondern mit feinsten Kräuselfäden. Diese werden im Spinnsieb, dem Cribellum (Abb. 3), produziert und mit einem Borstenkamm am Metatarsus der Hinterbeine, dem Calamistrum, auf die Haltefäden des Netzes gelegt.

Die Eresiden sind springspinnenähnlich, besitzen aber nur kleine, anders gestellte Augen (S-5). Es handelt sich außerdem um sessile Netzspinnen mit röhrenförmigen Trichternetzen. Bei uns kommt nur eine Art vor.

❷ Eresus niger (= E. cinnaberinus)

Ⓖ Das prächtige Männchen von *Eresus niger* wird etwa 10 mm groß. Sein Prosoma ist mit schwarzen, z. T. auch mit weißen und roten Haaren bekleidet. Das feuerrot behaarte Opisthosoma ist mit vier großen, schwarzen Punkten gezeichnet. Die Beine sind weiß geringelt, teilweise auch rot behaart. Die großen Weibchen (bis 16 mm, in Südeuropa auch größer) sind einfarbig schwarz oder weiß bis gelb gescheckt. Die Färbung kann stark variieren.

E. niger lebt auf vegetationsarmen Trockenrasen in einer mit Gespinst ausgekleideten Erdröhre. Oberirdisch öffnet sich das Netz zu einem Trichter, der mit einem Gespinstteppich überdacht ist. Von der Überdachung ziehen cribellate Fangfäden in die Umgebung des Netzes. Die Spinne erbeutet damit oft große, stark gepanzerte Käfer. Sie lebt in Kolonien und wird drei bis vier Jahre alt. Es ist schwierig, eine solche Kolonie zu finden, da die Netze immer sehr versteckt angelegt sind. Nur die reifen Männchen sieht man auf der Suche nach Weibchen im August/September oder im Mai und Juni frei umherlaufen. Das Weibchen deponiert den Eikokon im Netz und füttert später die Jungen durch vorgewürgte Nahrung von Mund zu Mund. Nach seinem Tod dient sein Körper den Jungen als zusätzliche Nahrung.

Bei uns gehört *E. niger* zu den größten Seltenheiten und gilt als stark gefährdet. Die Art wurde bisher u. a. in der Lüneburger Heide, auf der Fränkischen Alb und im Kaiserstuhl gefunden. In Südeuropa dagegen ist die Spinne ziemlich häufig.

Seite 43 oben: Männchen von *Eresus niger* in Drohhaltung, (Unterlüß LH) 5. 8. 90
unten: Weibchen von *Eresus niger*, (Soulzmatt EL) 9. 5. 91
Seite 44 oben: Fangnetz von *Eresus niger,* (Soulzmatt EL) 22. 6. 91
u.: *Eresus niger*, Männchen vor Weibchen, (Obereichstatt FR) 19. 5. 85
Seite 45 oben: *Eresus*-Weibchen füttert Junge, (Soulzmatt EL) 23. 8. 91
Jungspinnen saugen *Eresus*-Weibchen aus, (Obereichstätt FR) 23. 8. 91

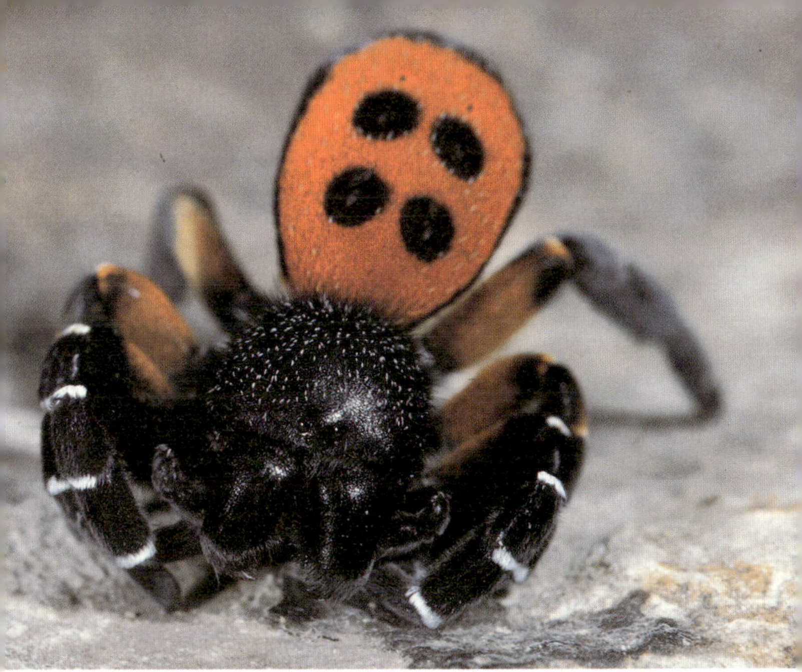

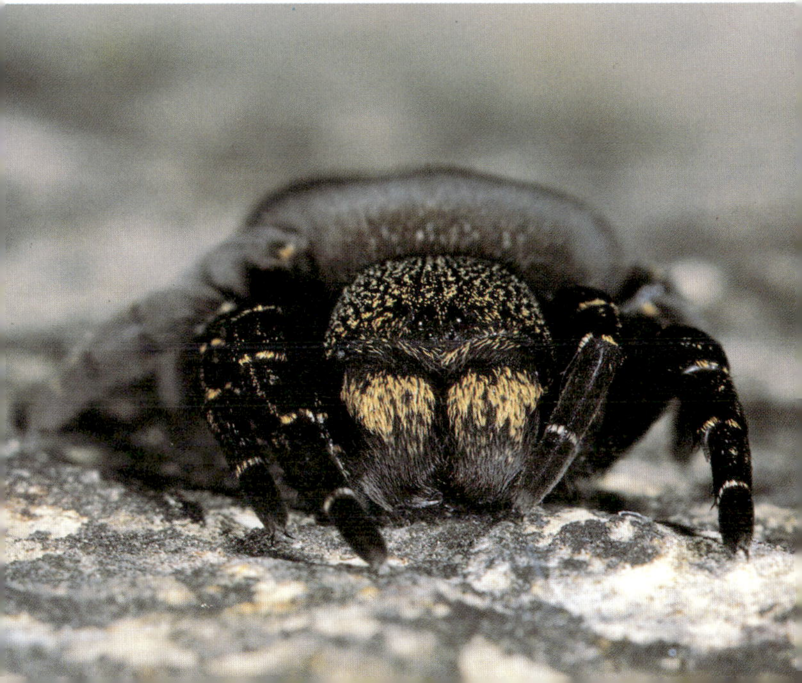

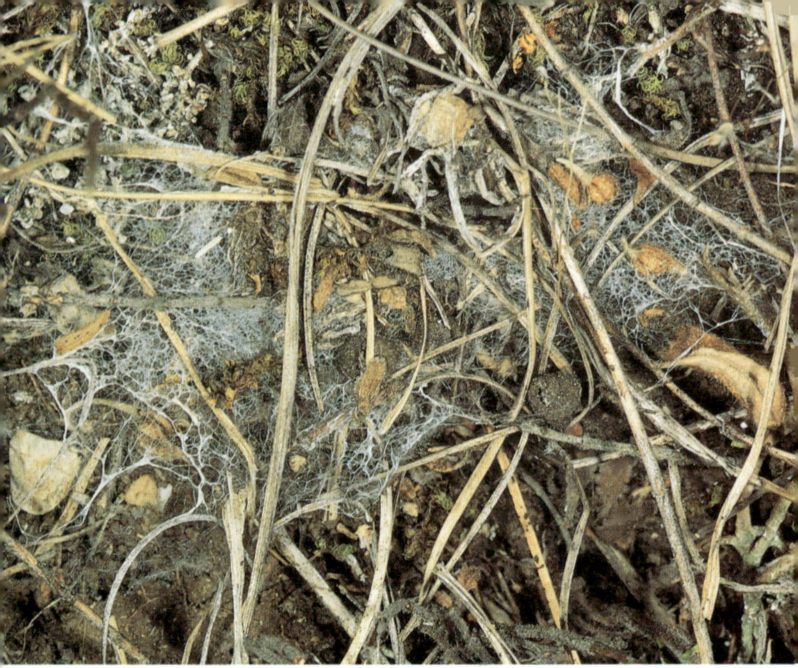

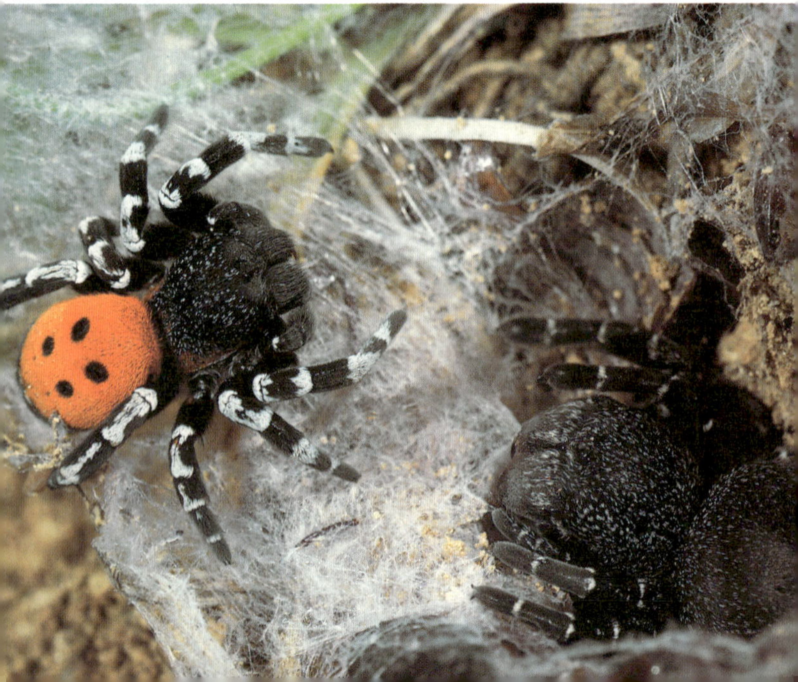

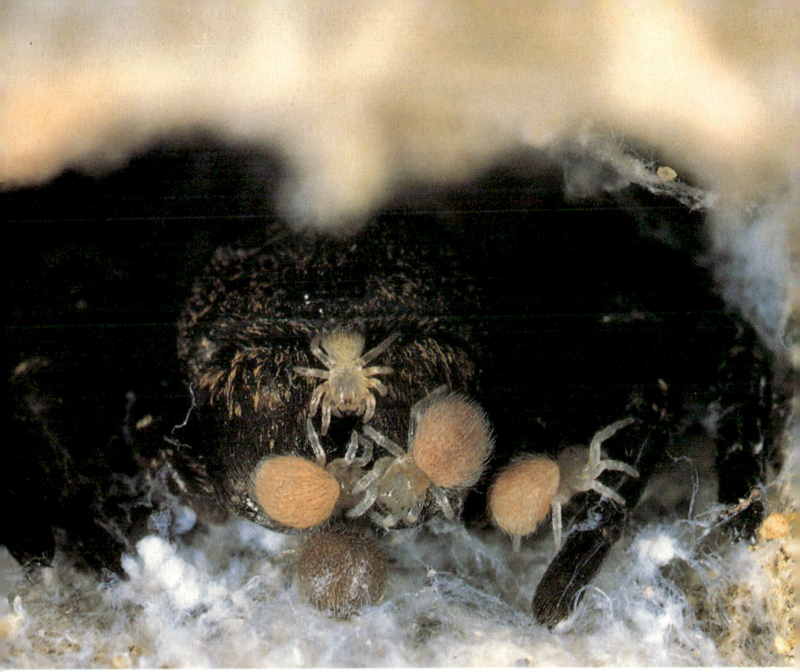

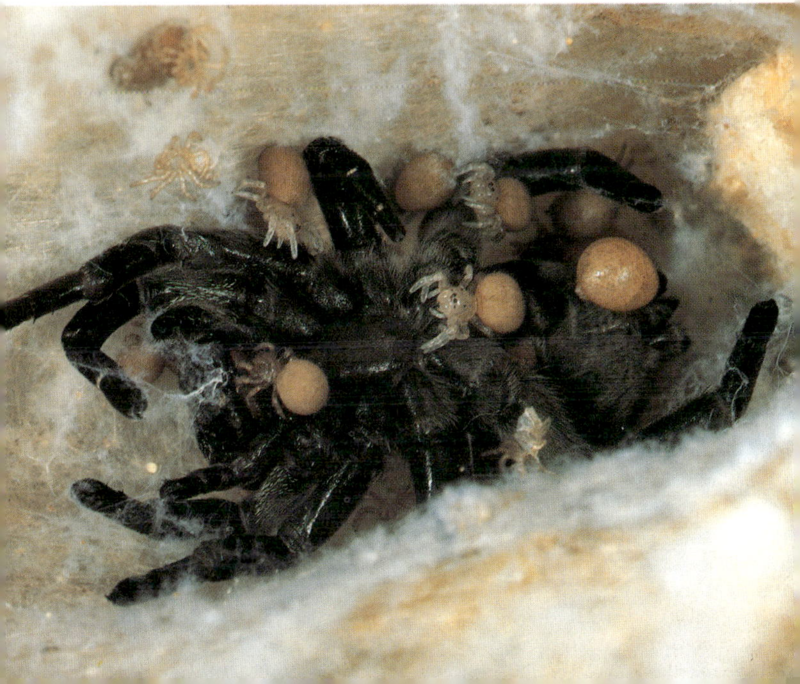

Familie Dictynidae (Kräuselspinnen)

Die Dictyniden sind eine Familie durchwegs kleiner, cribellater Spinnen. Ihre Vertreter erreichen nur etwa 2–5 mm Körperlänge. Das Gespinst der Kräuselspinnen besteht aus einem Schlupfwinkel und von dort in die Umgebung ausstrahlende Fäden, die nur streckenweise mit Cribellum-Wolle bedeckt sind. Die etwa 15 heimischen Arten sind schwer zu bestimmen.

Dictyna arundinacea

Dictyna arundinacea wird höchstens 3,5 mm groß. Ihr Körper ist grau und weiß behaart. Auf der Oberseite des Opisthosoma verläuft ein breites, braunes Längsband, das mehrfach unterbrochen ist. *D. arundinacea* ist bei uns sehr häufig, vermutlich die häufigste cribellate Spinne überhaupt. Sie kommt in vielen verschiedenen Lebensräumen vor, doch ihr Verbreitungsschwerpunkt liegt in sonnigem, trockenem Ödland. Die Reifezeit fällt in die Monate Mai und Juni. Zu dieser Zeit ist die Art leicht zu finden, da jetzt überall die vorjährigen, trockenen Pflanzen mit ihren Gespinsten überzogen sind. Die Spinne sitzt in einem dicht gewobenen Schlupfwinkel an einer Verzweigung des Pflanzenstengels. Vom Schlupfwinkel aus führen zahlreiche Fäden in die Umgebung. Diese sind streckenweise mit feinen, cribellaten Spinnfäden bedeckt, aber auch teilweise frei von solchen Kräuselfäden.

Nigma walckenaeri (= Dictyna walckenaeri, D. viridissima)

Nigma walckenaeri ist ausnahmsweise eine Vertreterin der Kräuselspinnen, die leicht zu erkennen ist. Mit bis zu 5 mm Körperlänge ist sie die größte heimische Dictynide. Die Spinne besitzt (als Weibchen) ein gelbliches oder (als Männchen) ein rotbraunes Prosoma und ein leuchtend grünes Opisthosoma. Die Beine sind gelb bis grün gefärbt. Über den ganzen Körper verteilt finden sich kleine Gruppen weißer Haare.

Die Spinne ist im August und September reif. Sie lebt vor allem auf Blättern von Kletterpflanzen, die an südexponierten Hauswänden hochranken (aber auch im Innern von Gebäuden). In der Wölbung am Grund einer Blattspreite webt sie als Schlupfwinkel ein nach zwei offenes Gespinstdach. Vor der zur Blattspitze weisenden Öffnung spannt sie über einigen geraden Wegfäden zickzackförmig verlaufende, cribellate Fangfäden. In diesem unscheinbaren Netz fängt *N. walckenaeri* oft recht große Beutetiere.

Dictyna arundinacea, (Allmendingen SA) 76
Fangnetz von *Dictyna arundinacea*, (Oberfahlheim BS) 12. 5. 80
Nigma walckenaeri, (Rotenburg LH) 26. 12. 77

Familie Amaurobiidae (Finsterspinnen)

Die Amaurobiiden ähneln im Körperbau, aber auch in ihren Netzen den Ageleniden. Als cribellate Spinnen weben sie aber Kräuselfäden zum Beutefang. Außerdem sind ihre Spinnwarzen deutlich kürzer als bei den Trichterspinnen. Bei uns kommen sieben Arten aus zwei Gattungen vor.

Amaurobius fenestralis

Die Amaurobius-Arten erinnern sehr an die Trichterspinnen der Gattung *Coelotes*. *A. fenestralis*, eine unserer häufigsten Arten, erreicht 8 mm Körperlänge. Das Opisthosoma ist gelb und braun gefärbt; vorn liegt, scharf abgesetzt, ein schwarzer, nach hinten verbreiteter Fleck auf hellem Grund. In der Mitte ist dieser Fleck durch einen hellen Längsstreifen geteilt.

A. fenestralis kommt vorzugweise in Wäldern vor. Die Spinne lebt unter der Rinde abgestorbener Bäume, in Felsritzen oder im Moos. Sie webt ein kleines, grobmaschiges Trichternetz, das durch die Cribellum-Fäden bläulich schimmert. Der Trichter mündet in eine verborgene Röhre, in der sich die Spinne aufhält. Sie überwintert im reifen Zustand und paart sich im Frühjahr. Das Weibchen baut danach seine Wohnröhre zu einem allseits geschlossenen Schlupfwinkel aus. Dort spinnt es seinen Eikokon, stirbt wenig später und dient den geschlüpften Jungspinnen als erste Nahrung.

Familie Titanoecidae

Die drei mitteleuropäischen *Titanoeca*-Arten, die bisher mit zu den Amaurobiiden gerechnet wurden, werden heute in eine eigene Familie gestellt. Im Gegensatz zu den Finsterspinnen besitzen sie ein zweireihiges Calamistrum (bei diesen einreihig).

Titanoeca obscura (= T. quadriguttata)

Titanoeca obscura wird etwa 5 mm groß. Die Spinne besitzt ein rotbraunes Prosoma und ein schwarzbraunes Opisthosoma. Das Männchen (s. Abb.) ist zusätzlich durch 4 weiße Flecken auf dem Hinterkörper gezeichnet und dadurch leicht zu erkennen. *T. obscura* lebt fast ausschließlich unter Kalksteinen an warmen, sonnigen Hängen. An solchen Orten ist sie meist häufig. Das grobmaschige Trichternetz ist schwer zu sehen, da man es beim Umdrehen der Steine fast immer zerstört. Die Art ist ab Mai reif.

Amaurobius fenestralis, (Schwiegershausen SN) 4. 75
Titanoeca obscura, Männchen (Lautern SA) 21. 7. 91

Familie Uloboridae (Kräuselradnetzspinnen)

Die Uloboriden sind cribellate Radnetzspinnen, die keine Giftdrüsen besitzen. Ihr Cribellum ist ungeteilt, das Calamistrum einreihig. Sie weben Radnetze wie die Radnetzspinnen (Araneidae), aber die Fangfäden sind nicht mit Klebtröpfchen, sondern mit Kräuselfäden versehen. In der heimischen Fauna ist diese Familie nur mit 2 Arten vertreten.

③ Uloborus walckenaerius

Durch ihren schlanken Körperbau unterscheidet sich diese Art deutlich von der folgenden. Ihre Oberseite ist weißlich bestäubt. In der Seitenansicht fällt am Hinterkörper eine Reihe weißlicher Haarschöpfe auf. Das Vorderbeinpaar ist deutlich länger und kräftiger als die übrigen Beine. Die Weibchen erreichen 6–8 mm Körperlänge; die Männchen bleiben deutlich kleiner.

Die Fangnetze dieser interessanten Spinne haben etwa 10–20 cm Durchmesser und werden waagerecht zwischen niedrigen Pflanzen, vor allem Heidekraut, ausgespannt. Es sind Radnetze ganz nach Araneiden-Art, nur eben mit Kräuselfäden auf der Fangspirale. Auffallend sind ferner 2 oder 3 etwas unregelmäßige Stabilimente, flächige Gespinstbänder, die vom Netzzentrum radial nach außen führen. Bei diesen Stabilimenten (sie kommen auch bei verschiedenen Radnetzspinnen vor) handelt es sich aller Wahrscheinlichkeit nach um Netzstrukturen, die der Tarnung der Spinne dienen. Die Spinne hält sich stets im Netz, und zwar bauchoben unerhalb der Nabe, auf.

Im Juli kann man bei den Netzen die sehr markanten Eikokons finden. Sie sind etwa 2 cm lang, spindelförmig und an den Seitenrändern gezackt. Die Form erklärt sich aus der Entstehungsweise: Die Spinne verwendet als Grundlage zum Kokonbau zwei Radien des Fangnetzes, die sie als Kokon-Grundplatte mit einem Gewebe bedeckt. Wo die Netzspirale die Radien kreuzt, entstehen die markanten Auszackungen.

Uloborus walckenaerius ist eine Spinne des Mittelmeergebietes, die in unseren Breiten zu den größten Seltenheiten gehört. Sie kommt in warmen, meist sandigen Heidegebieten vor und wurde z. B. in der Umgebung von Nürnberg (hier an verschiedenen Stellen) und am Oberrhein gefunden.

Uloborus walckenaerius, (Roth FR) 17. 6. 76
Uloborus walckenaerius im Netz, Roth FR 16. 7. 76
Uloborus walckenaerius mit Eikokon, Roth FR 16. 7. 76
Jungspinnen von *Uloborus walckenaerius* am Eikokon,
Roth FR 16. 7. 76

Familie Uloboridae (Kräuselradspinnen)

Hyptiotes paradoxus (= Uptiotes paradoxus)
(Dreiecksspinne)

Das Prosoma der Dreiecksspinne ist in Aufsicht fast kreisförmig und mit weißen oder gelblichen Schuppenhaaren besetzt. Die Augen liegen in zwei Reihen, das hintere mediane Paar hinter dem vorderen äußeren (S-7). Das Opisthosoma ist deutlich emporgewölbt, in Seitenansicht fast dreieckig und sehr variabel gezeichnet. Die Körperlänge beträgt 4–5 mm.

Sehr auffallend ist das Fangnetz der Dreiecksspinne; seine dreieckige Form war der Anlaß zur Namensgebung. Es stellt das Rudiment eines Radnetzes dar, das nur noch aus drei Sektoren besteht, die in einen gemeinsamen Signalfaden auslaufen. Zwischen den 4 Speichenfäden der 3 Sektoren sind die mit Cribellumfäden überzogenen Fangfäden leiterförmig ausgespannt. Die Spinne hält das Ende des Signalfadens mit beiden vorderen Beinpaaren; sie selbst ist mit einem Sicherheitsfaden und oft zusätzlich durch die Hinterbeine an einem Zweig verankert. Die Spinne bildet also gewissermaßen mit ihrem Körper eine Brücke zwischen Zweig und Fangnetz.

Gerät nun ein Beutetier in das Netz, läßt sich die Spinne am Sicherheitsfaden nach unten sinken. Da aber das Netz unter einer starken Spannung steht, fällt die Spinne nicht nach unten, sondern wird mit dem Signalfaden zum Netzzentrum hingezogen. Dabei fällt gleichzeitig die cribellate Fangzone des Netzes zu einem unentwirrbaren Knäuel in sich zusammen. Die Beute wird auf diese Weise sicher gefangengehalten – das Netz muß jedoch nach jedem Fangakt völlig neu gewoben werden. *Hyptiotes* besitzt wie alle Uloboriden keine Giftdrüsen. Daher wickelt die Spinne ihre Beute besonders sorgfältig ein, bevor sie diese mit Verdauungssaft einspeichelt und aussaugt.

Die Dreiecksspinne gehört bei uns zu den durchaus häufigen, allgemein verbreiteten Arten. Wegen ihres unscheinbaren Äußeren ist sie zwar schwer sichtbar, durch ihr Fangnetz und den typischen Lebensraum aber verhältnismäßig leicht zu finden. Sie lebt fast ausschließlich an Fichten und hier an den unteren, trockenen Zweigen, etwa in Kopfhöhe. In etwa 5–10 m hohen Fichtenbeständen wird man selten vergeblich nach den charakteristischen Netzen suchen. Da die Spinnen eine zweijährige Entwicklungszeit haben, sind vom Frühjahr bis spät in den Herbst hinein halbwüchsige oder adulte Tiere zu finden. Die Paarungszeit fällt meist in die Monate August und September.

Fangnetz von *Hyptiotes paradoxus*, Wiblingen OS 9. 76
Hyptiotes paradoxus, Rotenburg LH 9. 75

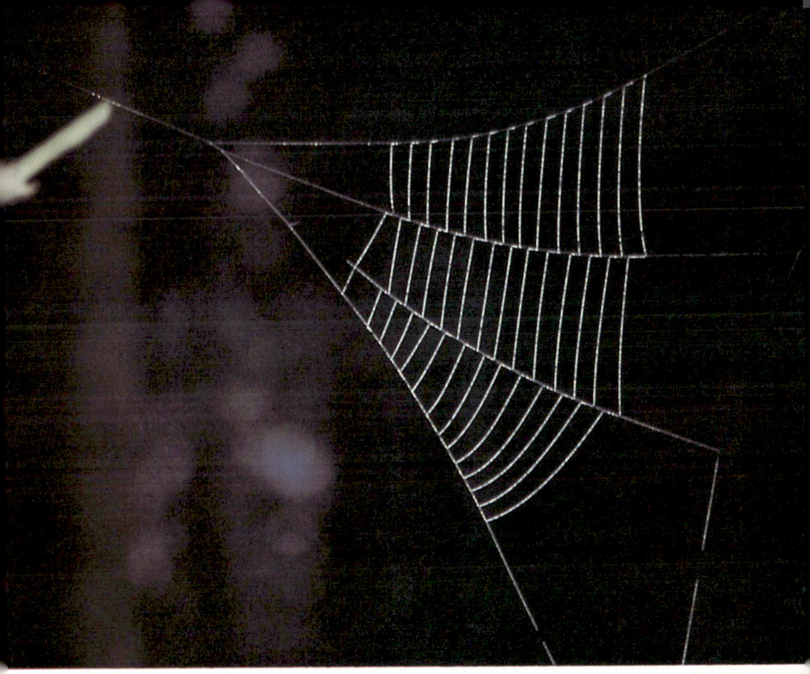

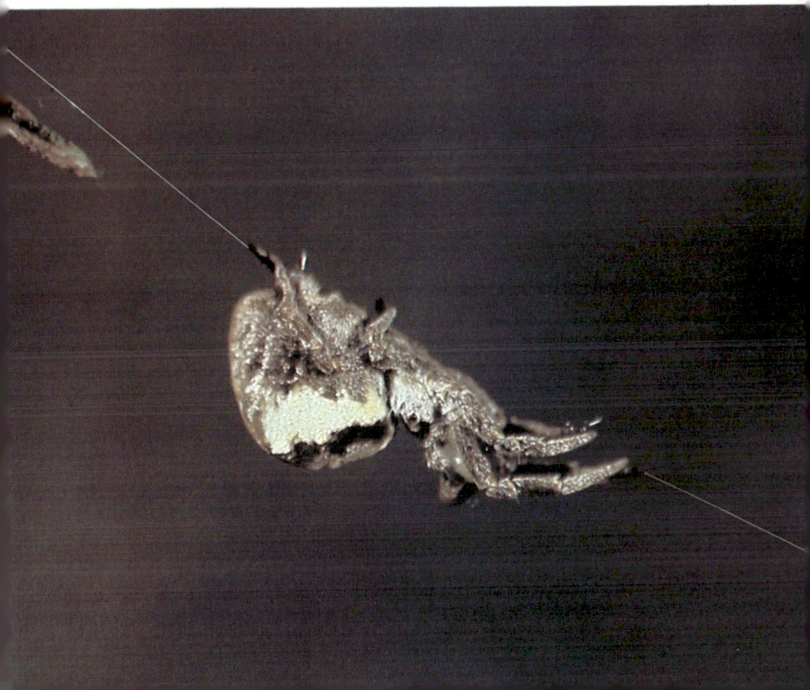

Familie Dysderidae (Sechsaugenspinnen)

Die Dysderiden besitzen, wie schon aus ihrem deutschen Namen ersichtlich, nur sechs Augen. Daneben sind sie durch eine sehr langgestreckte, schmale Unterlippe und einen länglich walzenförmigen Körper gekennzeichnet. Es handelt sich um nachtaktive Jäger, die sich tagsüber in Gespinstsäcken aufhalten. Die Augen liegen in einem Sechseck (S-10). Bei uns kommen fünf Arten vor.

Dysdera erythrina

Die etwa 10 mm große *Dysdera erythrina* erinnert durch ihr rötliches Prosoma und das weißgrau behaarte Opisthosoma etwas an Sackspinnen der Gattung *Clubiona*. Außer durch die Augenzahl ist die Spinne durch lange Chelicerengrundglieder (etwa halb so lang wie der Vorderkörper) und ebenso lange, überkreuzende Giftklauen zu erkennen. Mit diesen fast pinzettenartigen Mundwerkzeugen ist *Dysdera* in der Lage, Asseln zu erbeuten, da sie deren weit ausladende Seitenränder der Körpersegmente leicht umgreifen kann. Offensichtlich ist diese Spinne auf derartige Beute – die von vielen anderen verschmäht wird – spezialisiert.

D. erythrina ist sehr wärmeliebend. Sie kommt besonders auf Trockenrasen unter Steinen vor. Die sehr ähnliche *Dysdera crocota* besitzt noch größere Cheliceren und lebt bei uns fast nur in Gebäuden. Außerdem kommen bei uns drei ebenfalls ähnliche Arten aus der Gattung *Harpactea* vor.

Familie Segestriidae

Die beiden Arten dieser Familie wurden bisher mit zu den Dysderiden gerechnet, unterscheiden sich von diesen aber recht deutlich in der Augenstellung (S-11) sowie durch ihre sessile Lebensweise in kleinen Trichternetzen.

Segestria senoculata

Segestria senoculata ist an der Zeichnung des Hinterkörpers, einer zusammenhängenden Reihe quergestellter, dunkler Flecken, gut zu erkennen. Die Spinne wird ca. 7–10 mm groß und lebt in Gespinströhren unter Rinde (vor allem Kiefernrinde), gelegentlich auch unter Steinen oder in Felsspalten. Die Röhren öffnen sich nach außen zu kleinen Trichtern. *S. senoculata* ist bei uns überall häufig.

Dysdera erythrina erbeutet Kellerrassel, (Barterode SN) 30. 3. 77
Segestria senoculata, (Rotenburg LH) 26. 12. 81

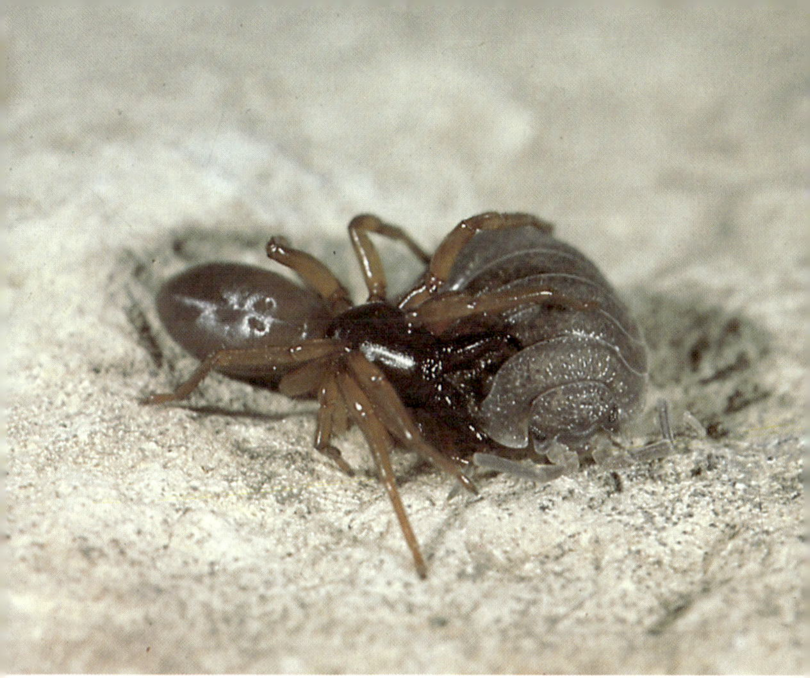
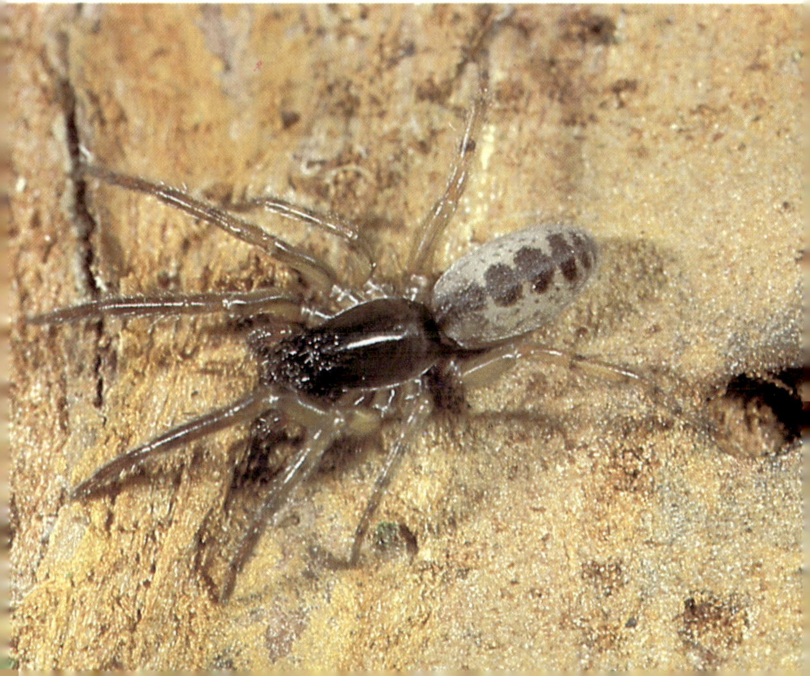

Familie Scytodidae

Scytodes thoracica (Speispinne)

Die Speispinne *Scytodes thoracica,* die einzige heimische Art aus ihrer Familie, ist verhältnismäßig leicht zu erkennen. Sie besitzt nur 6 Augen, die jeweils paarweise am Vorderrand und an den Seitenrändern des Prosoma gruppiert sind (S-12). Die Grundfärbung ist gelblich mit brauner bis schwarzer Fleckenzeichnung, die auf dem Vorderkörper ein charakteristisches »lyraförmiges« Muster bildet. Der nach hinten schräg ansteigende Vorderkörper ist meist deutlich breiter als der Hinterkörper. Die Gesamtlänge beträgt 4–6 mm.

Die Speispinne ist ein Gast aus Südeuropa und kommt bei uns fast ausschließlich in Häusern vor. Hier hält sie sich tagsüber meist verborgen und gehts nachts auf Beutefang. Das Fangverhalten zählt mit zu den erstaunlichsten Verhaltensweisen, die bei Spinnen vorkommen. Wie schon ihr deutscher Name andeutet – außer Speispinne wird auch die Bezeichnung Leimschleuderspinne verwendet –, fängt *Scytodes* die Beute nicht in Netzen, sondern durch das Ausspeien klebriger Spinnfäden aus den Cheliceren. Die Spinne pirscht sich mit sehr langsamen, gewissermaßen »schleichenden« Bewegungen an das Beutetier an, bleibt etwa 1–2 cm davor ruckartig stehen und schleudert aus den beiden Öffnungen der Chelicerenklauen Spinnfäden mit Klebtropfen über das Opfer. Dieses ist augenblicklich durch zickzackförmig ausgebreitete Leimfäden an die Unterlage gefesselt. Anschließend wird die Beute mit einem Giftbiß getötet und ausgesogen.

Ermöglicht wird dieses einzigartige Verhalten durch eine besondere Entwicklung der Giftdrüsen. Diese bestehen nämlich bei ihr aus jeweils zwei getrennten Teilen, einem größeren, der die Klebefäden produziert, und einem kleineren, in dem das Gift gebildet wird. Zusätzlich besitzt die Speispinne natürlich Spinnwarzen. Mit diesen webt sie unregelmäßige, nur aus wenigen Fäden bestehende Gespinste, in denen sie sich tagsüber aufhält. Auch die Eier werden von wenigen Spinnfäden locker umhüllt und bis zum Schlüpfen der Jungspinnen ans Sternum gepreßt getragen.

Durch ihre verborgene, nächtliche Lebensweise ist ein Fund dieser interessanten Spinnenart in unseren Breiten immer ein besonderer Glücksfall, wenngleich sie auch in manchen Gegenden, vor allem in Süddeutschland, keineswegs selten ist. Viel öfter begegnet man ihr in ihrer eigentlichen Heimat, dem Mittelmeergebiet. Dort lebt sie auch im Freien, und man kann sie vor allem unter größeren, hohl aufliegenden Steinen häufig finden.

Scytodes thoracica fängt eine Mücke, (Illertissen BS) 28. 5. 77
Scytodes thoracica mit Eikokon, (Talamone/Toscana) 10. 9. 79

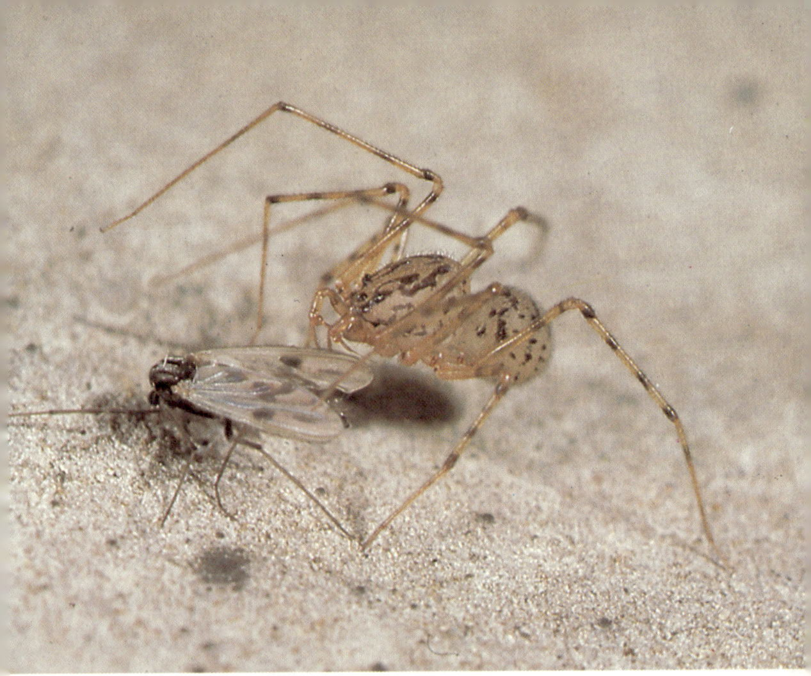
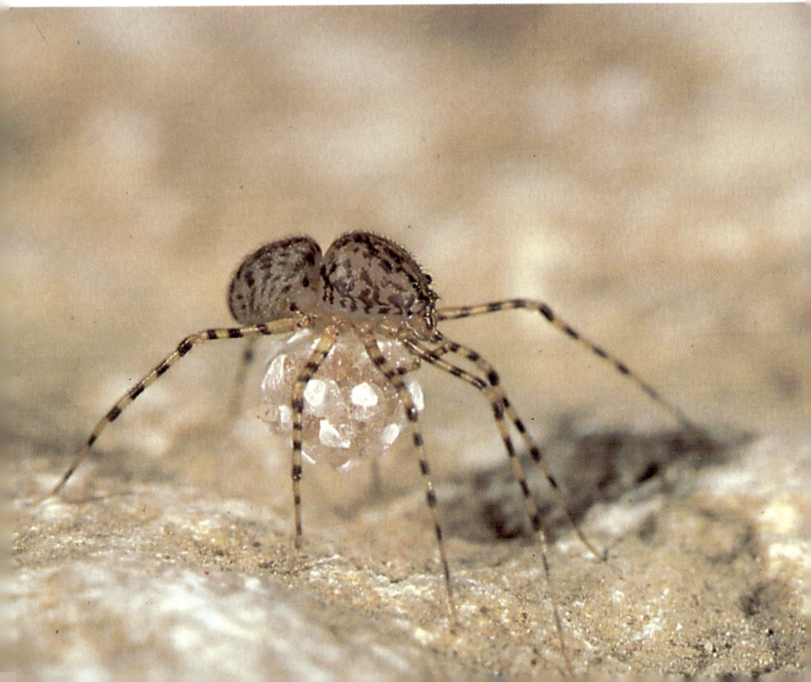

Familie Pholcidae (Zitterspinnen)

Die Zitterspinnen erinnern durch ihre Langbeinigkeit im Habitus an Weberknechte (Opiliones). Von diesen sind sie aber leicht durch die tiefe Einschnürung zwischen Vorder- und Hinterkörper zu unterscheiden. Die Grundfarbe ist hellgrau mit angedeuteten, dunkleren Zeichnungen. Auf der Bauchseite des Hinterleibs zeichnet sich beim Weibchen die stark chitinisierte Epigyne als dunkel pigmentierter Bereich deutlich ab. Die Augen liegen in zwei Dreiergruppen an den Kopfseiten, dazwischen an der Stirn ein sehr kleines Augenpaar (S-13). Der Hinterkörper ist walzenförmig und deutlich länger als der Vorderkörper. In Mitteleuropa kommen vier Arten vor, außer den beiden *Pholcus*-Arten noch zwei weitere seltene Vertreter aus anderen Gattungen.

Pholcus phalangioides

Pholcus phalangioides erreicht ca. 10 mm Körperlänge und ist damit etwa doppelt so groß wie die andere Art (*Ph. opilionoides*). *Ph. phalangioides* lebt ausschließlich in Häusern, besonders in Kellern. Die Häufigkeit nimmt von Süd- nach Norddeutschland ab.

Die Zitterspinne webt unregelmäßige, fadenarme Netze, in denen sie bauchoben auf Beute lauert. Der Klebstoff ist nicht, wie sonst bei den Ecribellaten, in Tropfenform über die Fangfäden verteilt, sondern überzieht sie als dünner Film. Wenn die Spinne, etwa durch Antippen oder Anblasen, beunruhigt wird, versetzt sie ihren Körper in sehr schnelle, schwingende oder kreisende Bewegungen (Name!). Auf diese Weise verschwimmt sie vollkommen mit ihrer Umgebung und wird fast unsichtbar.

Die rosafarbenen Eier (bei *Ph. opilionoides* grau) werden mit wenigen Spinnfäden umhüllt und vom Weibchen mit den Cheliceren vor dem Körper getragen. Die Eiablage findet vorwiegend im Juli statt. Schon kurz nach dem Schlüpfen werden die Jungspinnen selbständig. Sie können ein Alter von etwa drei Jahren erreichen. *Pholcus phalangioides* ist außergewöhlich zählebig. Diese Art kann selbst in modernen, staubtrockenen Betonwohnungen, denen andere Spinnen fast ausnahmslos den Rücken kehren, noch ein Auskommen finden.

Die kleinere Art *(Pholcus opilionoides)* ist in Deutschland etwas weiter verbreitet als die größere. Sie lebt ebenfalls in Häusern, scheint aber in Neubaugebieten seltener zu sein. In Süddeutschland kommt sie daneben auch in Steinbrüchen und an ähnlichen Orten vor.

Pholcus phalangioides, (Wiblingen OS) 14. 12. 83
Pholcus phalangioides mit Eikokon, Wiblingen OS 7. 76

Familie Zodarionidae (Ameisenjäger)

Die Zodarioniden besitzen eine charakteristische Augenstellung: vorn in der Mitte ein paar größere, daneben bogenförmig angeordnet drei kleinere Augen (S-14). Die vergrößerten vorderen Spinnwarzen stehen auf einem gemeinsamen Sockel. Die Vertreter dieser Familie sind – soweit man bisher weiß – spezialisierte Ameisenjäger. Bei uns kommen drei durchweg seltene Arten vor.

④ Zodarion germanicum

Zodarion germanicum erreicht etwa 5 mm Körperlänge. Diese Art ist dunkelbraun gefärbt, der Hinterkörper oben tiefschwarz mit violettem Glanz. Sie webt kugelige Wohngespinste von ca. 5 mm Durchmesser, die auf ihrer Oberfläche mit kleinen Holzstückchen, Sandkörnern und dergl. bedeckt sind. Meistens sind langgestreckte Materialien, wie Kiefernnadelbruchstücke, mit in der Verkleidung enthalten. Die Gespinste findet man in der Nähe von Ameisennestern, z. B. unter Holzstücken oder seitlich an Steinen.

Z. germanicum ist leicht zu halten, läßt sich aber nur mit Ameisen füttern. Trifft die Spinne beim Umherlaufen mit einer Ameise zusammen, weicht sie blitzschnell zurück. Danach pirscht sie sich regelrecht von hinten an, indem sie einen weiten Bogen abschreitet. Sobald sie mit »schleichenden« Bewegungen wieder in die Nähe der Ameise – jetzt aber von hinten – gekommen ist, stürzt sie blitzschnell auf diese zu und bringt ihren Giftbiß an. Mit der gleichen Geschwindigkeit springt sie wieder zurück und wartet reglos. Nach etwa einer Minute beginnt das Gift zu wirken. Die Ameise torkelt zunächst, fällt dann um und bleibt mit letzten, zuckenden Bewegungen am Boden liegen. Inzwischen ist die Spinne wieder unterwegs und sucht jetzt mit tastenden Bewegungen ihr Opfer. Hat sie es gefunden, prüft sie vorsichtig tastend, ob sich die Ameise noch bewegt. Erst wenn diese reglos geworden ist, wird sie von der Spinne ausgesogen.

Die Lebensweise von *Zodarion* birgt offenbar zahlreiche Gefahren. So fand ich einmal unter fünf ausgewachsenen Spinnen nur eine, die noch alle Beine besaß; unter den übrigen Tieren war ein fünfbeiniges Männchen, das weiterhin erfolgreich Ameisen jagte.

Zodarion germanicum ist eine wärmebedürftige, südliche Spinne und bei uns sehr selten. Sie wurde bisher z. B. in der Würzburger Gegend und im Raum Erlangen–Nürnberg gefunden. Die Spinnen sind im Juni und Juli adult. Ab Juli kann man in den Schlupfwinkeln der Weibchen die Eikokons finden.

2 Schlupfwinkel von *Zodarion germanicum*, Roth FR 19. 7. 77
Zodarion germanicum mit erbeuteter Ameise, (Roth FR) 21. 7. 77

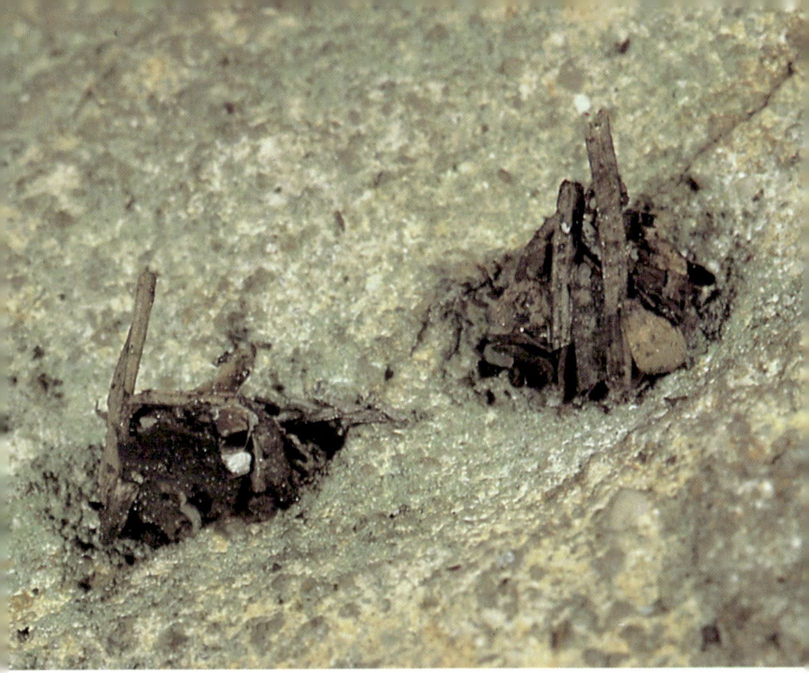

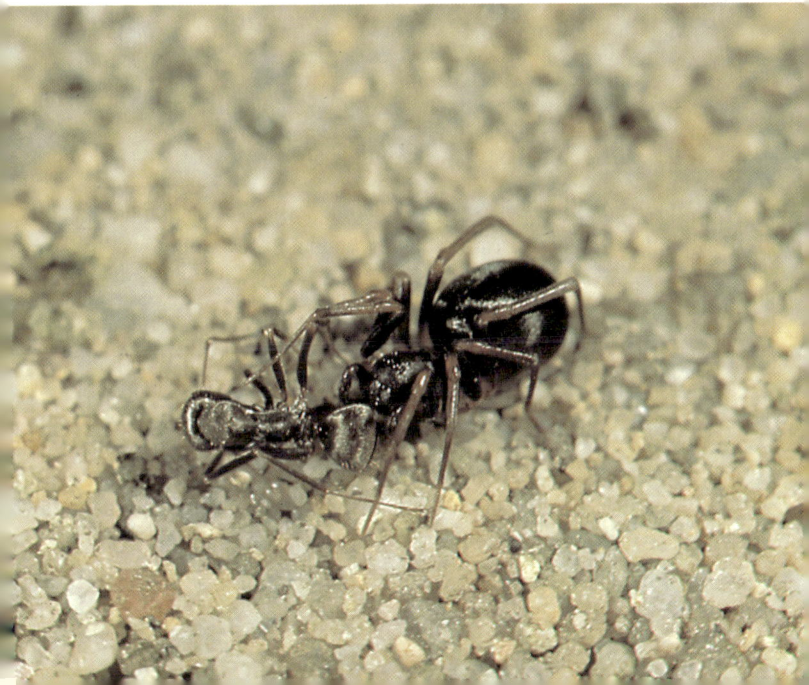

Familie Theridiidae (Kugelspinnen)

Die Kugelspinnen sind eine Familie relativ kurzbeiniger Spinnen mit meist rundlichem Hinterkörper. Kennzeichnendes Merkmal ist eine Reihe gesägter Borsten an der Unterseite des Hinterbeintarsus (S-34). (Dieses Merkmal ist jedoch auch der folgenden Familie, den Höhlenspinnen, eigen; Unterscheidung siehe dort.) Die meisten Kugelspinnen weben Haubennetze oder Deckennetze mit nach unten führenden Klebfäden. Mit etwa 60 heimischen Arten gehören sie zu den wichtigsten Netzspinnen unserer Fauna. Die meisten Arten sind aber nur mikroskopisch zu bestimmen.

Theridion impressum

Theridion impressum wird 4–5 mm groß, besitzt ein rötlichgelbes Prosoma und eine markante Hinterleibzeichnung: ein helles Band entlang der Rückenmitte wird von zwei schwarzen Längsstreifen, die durch drei oder vier helle Querlinien unterteilt sind, flankiert. *Th. impressum* ist eine sehr häufige Spinne auf sonnigem Ödland und an Wegrändern. Sie stellt dort in Bodennähe oder auf höheren Stauden ein typisches Haubennetz her. Zuoberst ist darin ein napfförmiger Schlupfwinkel angelegt, ganz in der Form eines umgedrehten Vogelnestes. Ab Juli sind die Spinnen ausgewachsen; im August findet man in den Schlupfwinkeln bläuliche Eikokons.

Th. impressum zeigt ein hochentwickeltes Brutfürsorgeverhalten. Die Jungspinnen werden durch vorverdaute Nahrung aus dem Mund der Mutter gefüttert. Sie versammeln sich dazu vor deren Mundöffnung, um Nahrungsbrei in Empfang zu nehmen. Später saugen sie selbst an den von der Spinne getöteten Beutetieren.

Achaearanea riparia (= Theridion saxatile)

Diese Kugelspinne ist bei ca. 4 mm Größe meist rotbraun gefärbt und mit dunklen und hellen Flecken gezeichnet. Sehr auffällig ist ihr Schlupfwinkel: eine unten offene Röhre, die außen mit Sandkörnern, Holzstückchen und ähnlichem bedeckt ist. (NØRGAARD 1956). Diese bis 7 cm lange Wohnröhre ist durch horizontale und nach oben ziehende, starke Fäden befestigt. Von ihr ziehen Fangfäden zum Boden hinab. Diese Fangfäden sind nur auf den untersten 5–10 mm mit Klebtropfen bedeckt. Die wichtigsten Beutetiere sind Ameisen. Man findet die Netze von *A. saxatile* vor allem unter überhängenden, sehr trockenen Wegrändern.

Haubennetz von *Theridion impressum*, Betzhorn LH 27. 7. 90
Theridion impressum füttert Junge, Betzhorn LH 27. 7. 90
Achaearanea riparia, Lonsee SA 9. 8. 91
Wohnröhre von *Achaearanea riparia*, Lonsee SA 10. 8. 91

Familie Theridiidae (Kugelspinnen)

Enoplognatha ovata (= Theridion ovatum, Th. redimitum)

Enoplognatha ovata gehört mit 6–7 mm Körperlänge zu unseren größten Kugelspinnen. Das Prosoma ist hellgelb gefärbt mit einem schwarzen Mittelband, das vor den Augen endet. Das ebenfalls gelbe Opisthosoma kann mit zwei roten Längsstreifen gezeichnet oder oben ganz rot sein. Man hat nach der unterschiedlichen Hinterleibsfärbung mehrere Formen unterschieden, die aber keine systematische Bedeutung besitzen.

Die Spinne gehört bei uns zu den häufigsten Arten dieser Familie. Sie lebt auf Gebüsch und niederen Pflanzen, vor allem an Wald- und Wegrändern. Ihr Netz ist ein unregelmäßiges Gespinst mit einem Schlupfwinkel aus zusammengesponnenen Blättern.

Im Juli ist *E. ovata* ausgewachsen. Nach der Paarung stellt das Weibchen einen kugeligen, bläulich oder grünlich gefärbten Eikokon her, den es in seinem Schlupfwinkel befestigt. Man findet die Schlupfwinkel von *E. ovata* am einfachsten, wenn man an Waldwegen nach zusammengesponnenen Himbeerblättern sucht.

Theridion pallens

Theridion pallens erreicht nur 1,7 mm Körperlänge und ist damit ein ausgesprochener Zwerg unter den Spinnen unserer Fauna. (Es gibt er auch noch kleinere Arten, z. B. unter den Zwergspinnen.) Die Spinne ist am ganzen Körper etwas durchscheinend gelblichweiß gefärbt. Manche Exemplare, besonders Männchen, besitzen eine graue bis schwarze Hinterleibzeichnung und ein dunkles Längsband auf dem Prosoma. Die Reifezeit liegt vor allem im Mai und Juni.

Trotz der geringen Größe ist *Th. pallens* verhältnismäßig einfach zu finden. Die Spinne lebt vorzugsweise unter Eichenblättern, kommt aber beispielsweise auch in Fichtenwäldern vor. An Waldrändern mit Eichengebüsch wird man sie selten vergeblich suchen. Besonders in Klopffängen von derartigen Stellen ist sie fast immer enthalten.

Im Juni/Juli findet man an den gleichen Örtlichkeiten die auffälligen Eikokons, die bei nur 2 mm Größe zu den schönsten Spinnenkokons zählen. Die schneeweißen, kugeligen Gespinste sind in eine Spitze ausgezogen und ringsum mit weiteren Spitzen verziert. Sie enthalten etwa 20 gelbliche Eier.

Enoplognatha ovata mit Eikokon, (Ötztal/Tirol) 2. 8. 83
Theridion pallens mit Eikokon, (Wiblingen OS) 17. 6. 77

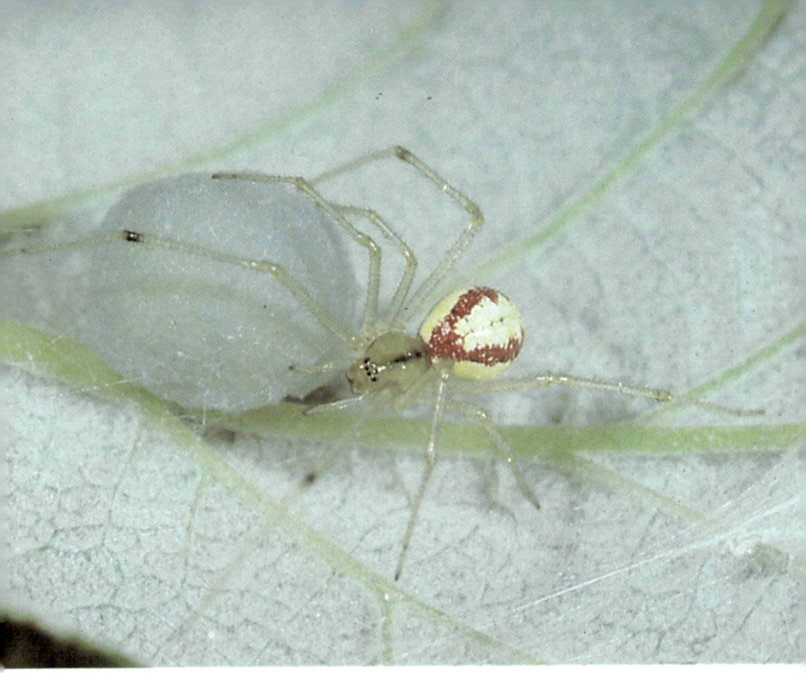

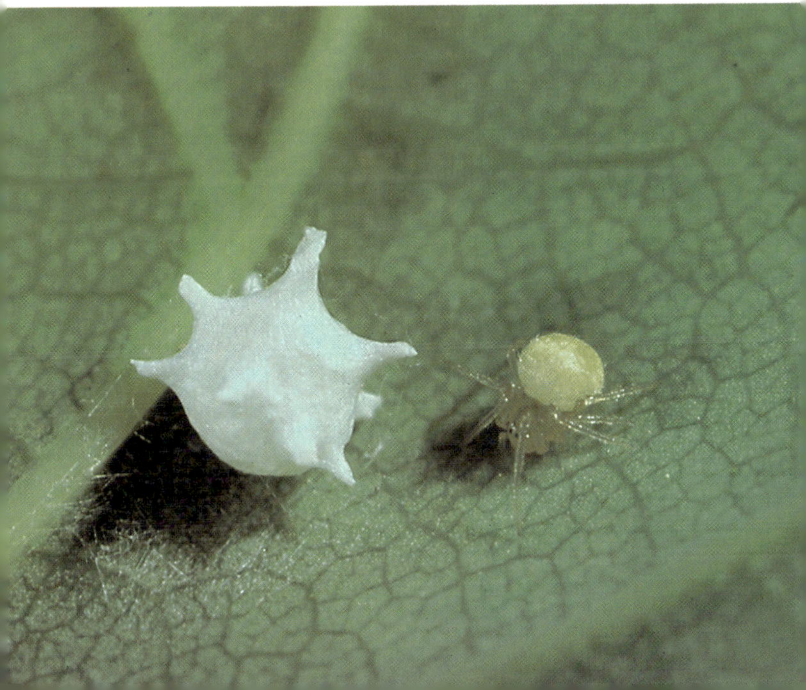

Familie Theridiidae (Kugelspinnen)

Achaearanea tepidariorum

Diese Art gehört mit einer Körperlänge von bis zu 7 mm zu den größten heimischen Kugelspinnen; das Männchen bleibt mit etwa 4 mm allerdings deutlich kleiner als das Weibchen. Die Grundfärbung ist heller oder dunkler braun bis gelblich mit verwaschenen dunkleren Zeichnungen. Die Beine sind dunkelbraun geringelt. Der kugelige Hinterleib ist etwas höher als lang.

A. *tepidariorum* benötigt Wärme und Feuchtigkeit; man findet sie daher besonders häufig in Gewächshäusern, daneben auch in Kellern und Lagerräumen. In klimatisch begünstigten Gebieten kommt sie auch im Freiland vor, z. B. an Baumstämmen und an Mauern. Die Spinne ist wohl ursprünglich in den Tropen heimisch und breitet sich in neuerer Zeit zunehmend in Mitteleuropa aus.

Das unregelmäßige Fangnetz besteht aus einem weitmaschigen Gespinst, von dem aus Fangfäden nach unten ziehen. Diese tragen nur nahe an ihrer Anheftungsstelle Klebtröpfchen.

Achaearanea lunata

Diese Kugelspinne erreicht eine Gesamtlänge von höchsten 5 mm. Ihr Hinterkörper ist ganz auffallend hochgewölbt, deutlich höher als lang. Die Färbung ist recht bunt; meist ist der Hinterkörper lebhaft rot, schwarz, weiß und gelb gefleckt, kann aber auch fast ganz schwarz erscheinen. Die Reifezeit liegt im Frühsommer.

Die Art ist in Mitteleuropa weit verbreitet und fast überall recht häufig. Man findet sie vorzugsweise in Wäldern und an Waldrändern. Hier baut sie ihr Haubennetz besonders gern an Baumstämmen unter der Abzweigung eines Seitenastes.

Episinus angulatus

Diese um 5 mm lange Spinne unterscheidet sich durch ihren schlanken Körperbau recht deutlich vom sonst üblichen Kugelspinnen-Habitus. Das hinten abgestutzte, von oben schmal dreieckige Opisthosoma macht die beiden Vertreter dieser Gattung leicht kenntlich. E. *angulatus* unterscheidet sich von der zweiten Art, E. *truncatus*, durch den schwärzlich gezeichneten, braunen Vorderkörper (dieser ist bei E. *truncatus* einfarbig schwarzbraun).

Beide *Episinus*-Arten sind bei uns nicht selten. Sie bauen ein sehr einfaches, nur aus wenigen Fäden bestehendes Netz.

Achaearanea tepidariorum, (Illerkirchberg OS) 1. 5. 91
Achaearanea lunata, Verden/Aller 28. 7. 91
Episinus angulatus, (Lonsee SA) 2. 7. 91

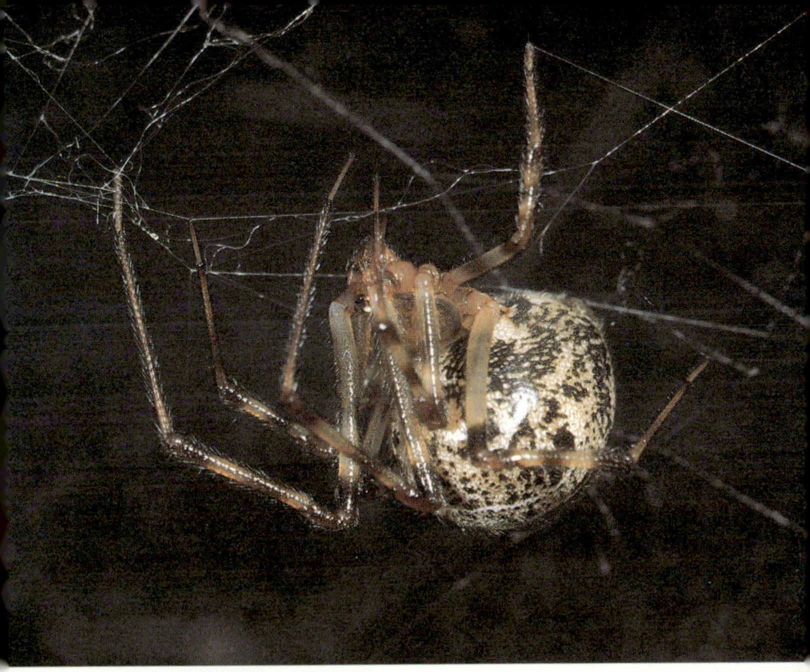
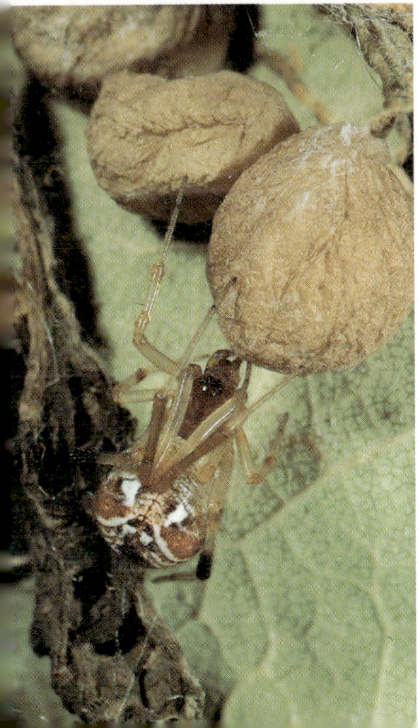
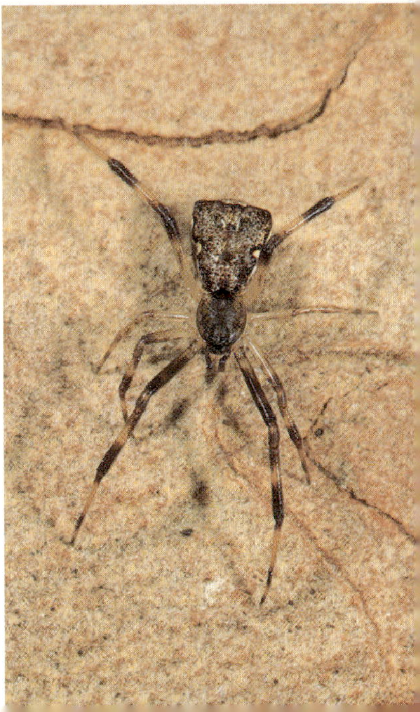

Familie Theridiidae (Kugelspinnen)

Steatoda bipunctata (Fettspinne)

Die Fettspinne, so genannt wegen ihrer glänzenden Körperoberfläche, ist dunkelrotbraun gefärbt mit einem nicht immer deutlichen, hellen Längsstreifen auf dem etwas abgeplatteten Hinterkörper. Die etwa 5–7 mm große Spinne ist wohl die häufigste aller Hausspinnen. Es gibt kaum Gebäude, in denen sie ganz fehlt. Sie lebt aber auch im Freien an Baumrinde und Felsen.

Steatoda webt ein unregelmäßiges Deckennetz, von dem aus Fangfäden nach unten ziehen. Reife Tiere findet man das ganze Jahr über; die Paarungszeit liegt aber vorzugweise im Herbst. Die Männchen verfügen über einen wohlentwickelten Stridulationsapparat. Der Hinterrand des Prosoma trägt Schrilleisten, der Vorderrand des Opisthosoma mehrere Dornen. Die damit erzeugten Zirptöne sind auch für das menschliche Ohr hörbar; die Spinnenweibchen hören sie vermutlich durch ihre »Hörhaare«, die Trichobothrien.

③ Euryopis quinqueguttata

Diese winzige, nur 2–2,5 mm lange Kugelspinne paßt mit ihrem etwas abgeflachten, hinten deutlich zugespitzten Hinterleib nicht so ganz in das übliche Erscheinungsbild dieser Familie. Die Grundfärbung ist schwarzbraun bis schwarz; die Beine sind hell gelblich mit breiten, dunklen Ringen, besonders an den beiden vorderen Paaren. Sehr markant ist ein weißliches Muster auf dem Hinterleibsrücken, das meist auf fünf Flecken besteht. Das vordere Fleckenpaar und der über der Hinterleibspitze liegende Fleck können aber auch fehlen. Die Reifezeit liegt im Frühjahr und Sommer, auch im Winter treten schon adulte Tiere auf.

E. quinqueguttata ist sehr wärmeliebend und kommt bei uns vor allem an steinigen oder sandigen, nur schwach bewachsenen Südhängen vor. Sie gilt als selten, wurde aber bisher an den meisten Orten ihres Vorkommens wohl nur übersehen. Man findet sie sehr häufig, wenn man im Winter Schneckenhäuser einsammelt. Hier überwintert diese Art regelmäßig, oft zu mehreren in einem Gehäuse.

Steatoda bipunctata, (Rotenburg LH) 27. 12. 77
Euryopis quinqueguttata, (Arnegg SA) 20. 1. 90

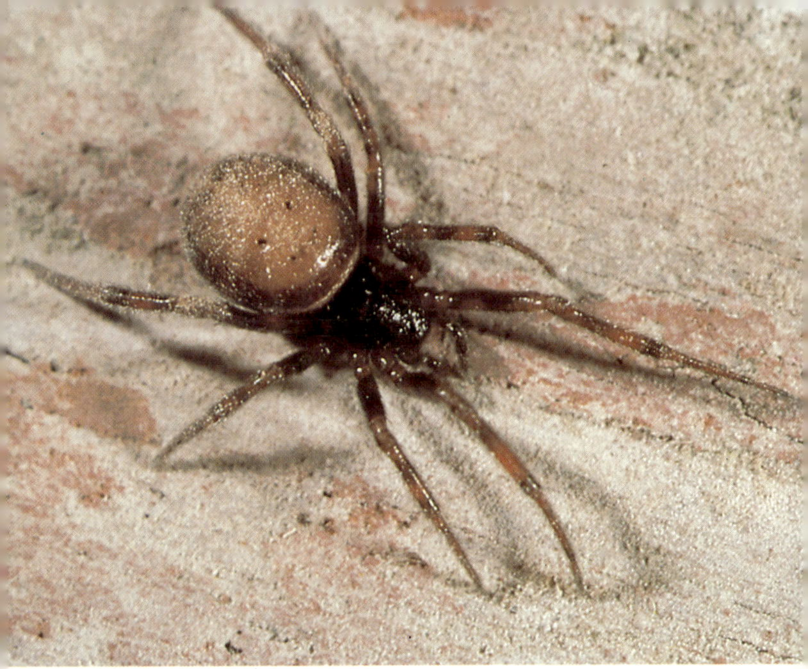
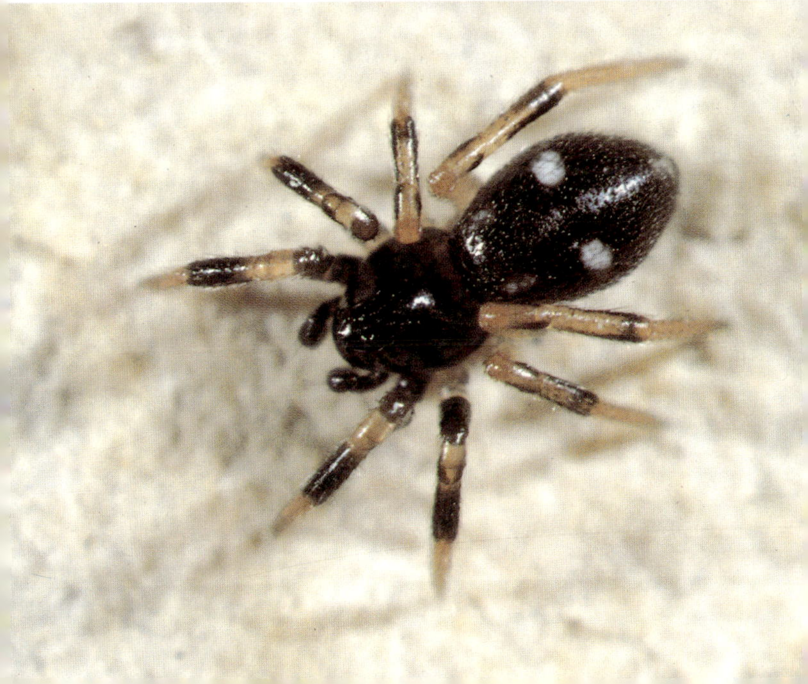

Familie Nesticidae (Höhlenspinnen)

Die artenarme Familie der Nesticiden erinnert in ihrer Körpergestalt sehr an die Kugelspinnen; meist wurden sie früher auch zu dieser Familie gerechnet. Gemeinsam ist beiden auch der Borstenkamm am 4. Tarsus sowie die Konstruktion des Fangnetzes (ein unregelmäßiges Deckennetz mit nach unten ziehenden Fangfäden). Als auffallendstes Unterscheidungsmerkmal besitzen die Höhlenspinnen an der Unterlippe einen glänzenden Endwulst, der den Kugelspinnen fehlt. Bei uns ist nur eine Art heimisch, eine weitere wurde gebietsweise in Gewächshäusern eingeschleppt.

Nesticus cellulanus

Die auffallend lang- und dünnbeinige Spinne wird etwa 5 mm lang; ihr Körper ist gelblich bis hellgrau gefärbt und glänzt deutlich. Die meist unscharf begrenzte, dunkle Zeichnung besteht aus einem zweimal eingeschnürten, breiten Längsband auf dem Prosoma, paarig angeordneten Flecken auf dem Opisthosoma sowie deutlichen Ringen an den Beinen (S-35). Die Art zeigt eine Vorliebe für Feuchtigkeit und Dunkelheit. Man findet sie daher vorwiegend in Höhlen und Stollen, aber auch in Kellern, Blockschutthalden und unter Steinen. Es handelt sich also nicht um ein echtes Höhlentier.

Die Spinne bewegt sich meist recht langsam, mit kreisend tastenden Bewegungen der langen Vorderbeine. Sie baut in Gesteinsfugen und Mauerritzen ein unregelmäßiges, weitmaschiges Deckennetz, von dem Fangfäden mit meist deutlich sichtbaren Klebtröpfchen nach unten führen. Die Beute dürfte vornehmlich aus den an ihren Aufenthaltsorten fast immer anzutreffenden Stech- und Pilzmücken bestehen.

Im Juli oder August, gelegentlich auch noch im September, trägt das Weibchen seinen Eikokon nach Art der Wolfspinnen mit den Spinnwarzen. Nach dem Schlüpfen wandern die Jungspinnen dann aber nicht auf den Rücken der Mutter, sondern versammeln sich auf der Oberfläche des Kokons; wenig später wird dieser abgesetzt.

Nesticus cellulanus ist bei uns weit verbreitet und meist nicht selten. Da die Spinne aber fast überall nur in geringer Individuenzahl auftritt und an verborgenen Orten lebt, ist sie nicht leicht zu finden. Am sichersten trifft man sie im Eingangsbereich wasserführender Höhlen an.

Nesticus cellulanus im Netz, (Sinabronn SA) 24. 11. 91
Nesticus cellulanus, (Sinabronn SA) 26. 11. 91

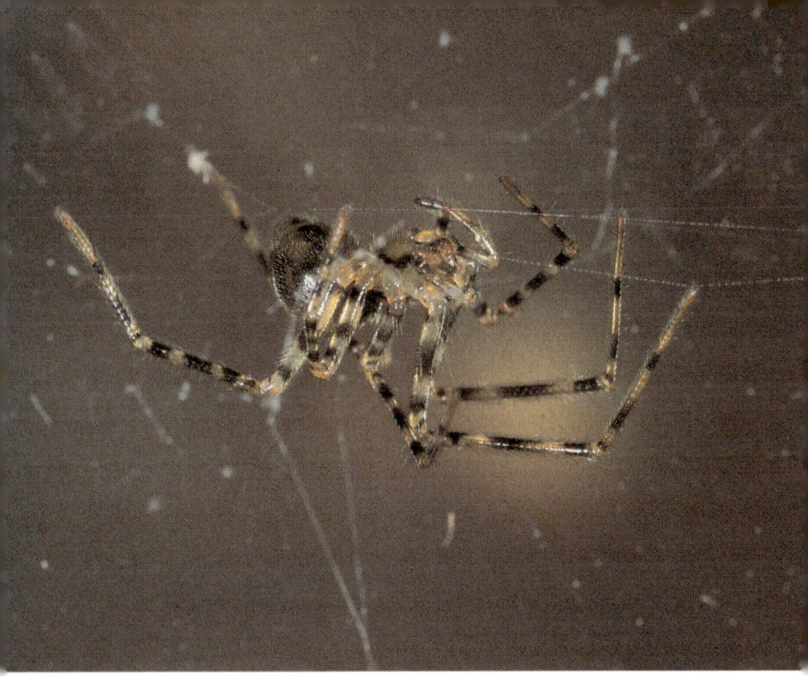

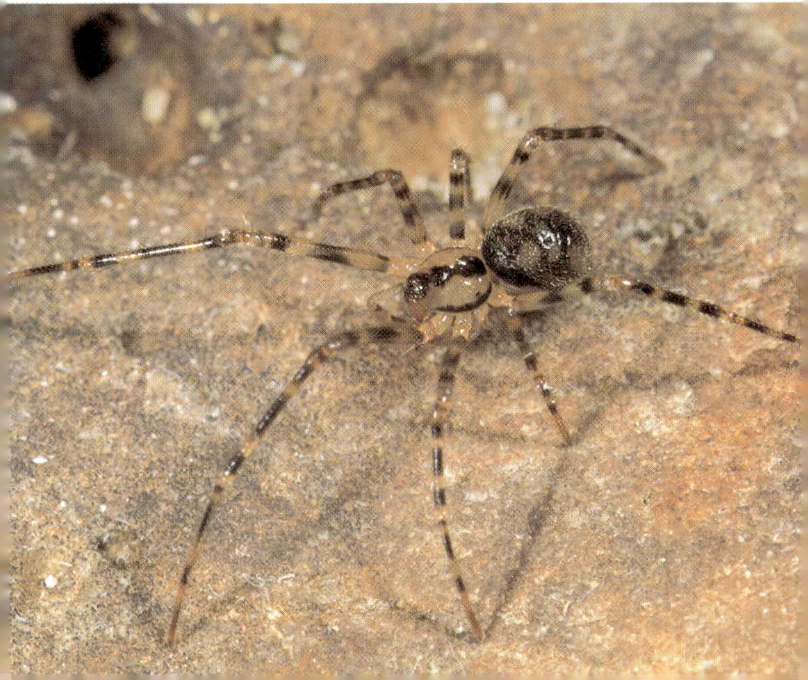

Familie Linyphiidae (Baldachinspinnen)

In neuerer Zeit werden die früher getrennt aufgeführten Baldachinspinnen und Zwergspinnen zu einer Familie zusammengefaßt. Die etwa 300 Arten dieser jetzt größten Spinnenfamilie unserer Fauna sind meist nur mikroskopisch anhand der Genitalien zu bestimmen. Daher werden nur wenige Arten vorgestellt, die bereits bei schwacher Vergrößerung erkennbar sind oder sich durch eine ungewöhnliche Lebensweise auszeichnen. Auffälliger als die Spinnen selbst sind bei den meisten Arten die Netze. Sie bestehen aus einem von unten verspannten Teppich und darüber einem Gewirr von Fäden, das die Aufgabe hat, Fluginsekten zum Absturz zu bringen. Die Spinne lauert bauchoben unter dem Gespinstteppich und greift die heruntergefallene Beute durch das Gewebe hindurch. Bei manchen Arten ist dieser Netztyp etwas abgewandelt.

Linyphia triangularis

L. triangularis ist eine der häufigsten Spinnen unserer Fauna. Ihre Netze überziehen im Spätsommer und Herbst überall die Gebüsche und sind im Morgentau sehr auffällig. Der Hinterkörper der Spinne ist etwas höher als breit und dorsal mit einer Blattzeichnung versehen. Das Prosoma weist hinter den Augen eine markante, nach vorn offene »Stimmgabel«-Zeichnung auf, durch die *L. triangularis* leicht ansprechbar ist (s. untere Abb.). Die Bauchseite ist dunkel und kontrastiert deutlich gegen die helle Rückenfarbe. Eine solche »Verkehrt«-Färbung ist typisch für Tiere, die normalerweise ihre Bauchseite nach oben kehren; von oben betrachtet, erscheinen sie vor dem Erdboden dunkel – von unten gegen den Himmel hell.

Reife Tiere findet man von August bis Oktober. Die Männchen sind – außer an ihren verdickten Pedipalpen – an den stark vergrößerten Cheliceren zu erkennen. Damit erkämpfen sie sich untereinander günstige Plätze an und in den Netzen der Weibchen. Werbung und Paarung können sich über viele Stunden hinziehen. Nach der Trennung beißt das Männchen ein etwa 1 cm großes, ovales Loch in den Gespinstteppich des Weibchens und spinnt darin ein gabelförmiges Spermanetz (s. auch Kap. Balz und Paarung). Anschließend setzt es aus seiner Genitalöffnung einen Spermatropfen auf der Gabel ab und saugt ihn dann mit den Pedipalpen auf. Danach ist das Spinnenmännchen wieder paarungsbereit.

Fangnetz von *Liyphia triangularis*, Wiblingen OS 10. 76
Linyphia triangularis im Netz, Rotenburg LH 10. 75
Linyphia triangularis, Ringingen SA 4. 10. 83

Familie Linyphiidae (Baldachinspinnen)

Neriene radiata (= Prolinyphia marginata)

Neriene marginata wird bis 6 mm lang. Ihr Prosoma ist gelb oder braun mit breitem, hellem Rand, ohne jede dunkle Zeichnung. Die Grundfärbung des Opisthosoma ist hellgelb bis weiß. Einen starken Kontrast hierzu bildet die scharf abgesetzte, schwarze Zeichnung auf Bauchseite und Rücken des Hinterkörpers. Zwischen diesen dunklen Flächen liegen seitliche Schrägstreifen und Längsflecken, so daß die Spinne insgesamt einen recht bunten Eindruck macht.

Die Netze von *N. radiata* weichen deutlich vom typischen *Linyphia*-Netz ab, denn die Gespinstdecke ist kuppelförmig emporgewölbt. Die Art lebt in trockenen, lichten Nadelwäldern und auf Heiden. Sie ist von Mai bis Juli adult. Die Paarung (s. Abb.) findet vorzugsweise im Juni statt. Beide Partner hängen bauchoben im Netz; das Männchen führt abwechselnd beide Taster in die weibliche Epigyne ein. Beim eingeführten Taster sieht man die Haematodocha (Tasterblase) anschwellen und kollabieren (nähere Einzelheiten werden im Kap. Balz und Paarung geschildert).

Neriene montana (= Linyphia montana)

Diese Art ist mit einer Körperlänge von 6–8 mm die größte heimische Baldachinspinne. Ihre Färbung ist oberseits auffallend dunkel. Das Prosoma trägt schwärzliche Radiärstreifen auf braunem Grund, auf dem Opisthosoma liegt eine dunkelgraue Blattzeichnung mit einer weißlichen Umrandung. Die Beine sind dunkel geringelt.

Die Spinne ist bei uns überall häufig, vor allem in Wäldern an Baumstämmen. Sie ist auch regelmäßig in Gärten sowie in und an Gebäuden anzutreffen. Ihre vom Zeichnungsmuster der meisten übrigen Linyphiiden abweichende Färbung erklärt sich aus ihrer Lebensweise: Sie sitzt nicht, wie die meisten anderen Baldachinspinnen, tagsüber bauchoben im Netz, sondern lauert neben dem Netz in einem verborgenen Schlupfwinkel, der sich z. B. unter loser Baumrinde befinden kann. Hier werden auch im Sommer die flachen Eikokons abgelegt. Den Winter hindurch findet man diese Art ebenfalls regelmäßig unter der Rinde abgestorbener Bäume. Sie überwintert subadult.

Paarung von *Neriene radiata*, Erlangen FR 17. 6. 76
Neriene montana, (Limburg KS) 29. 1. 90

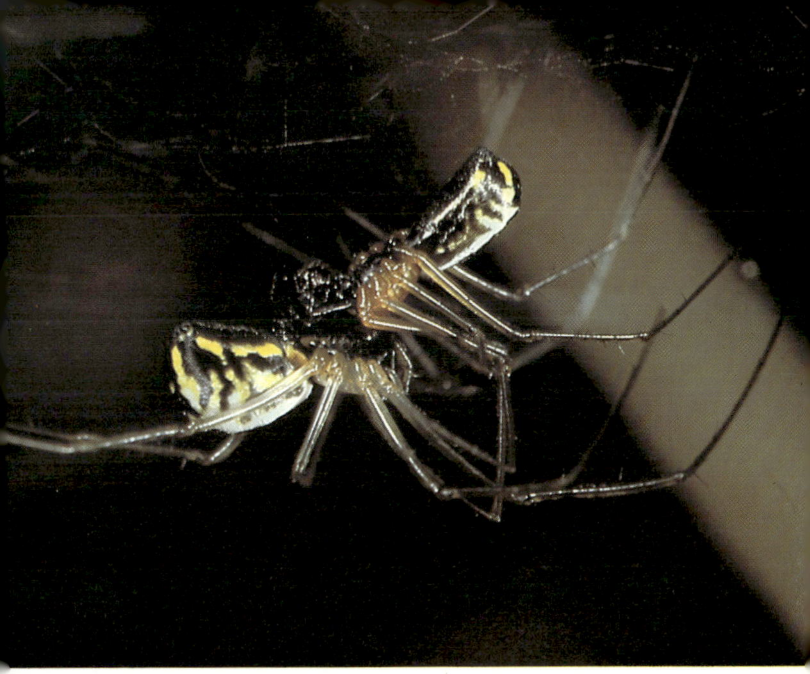

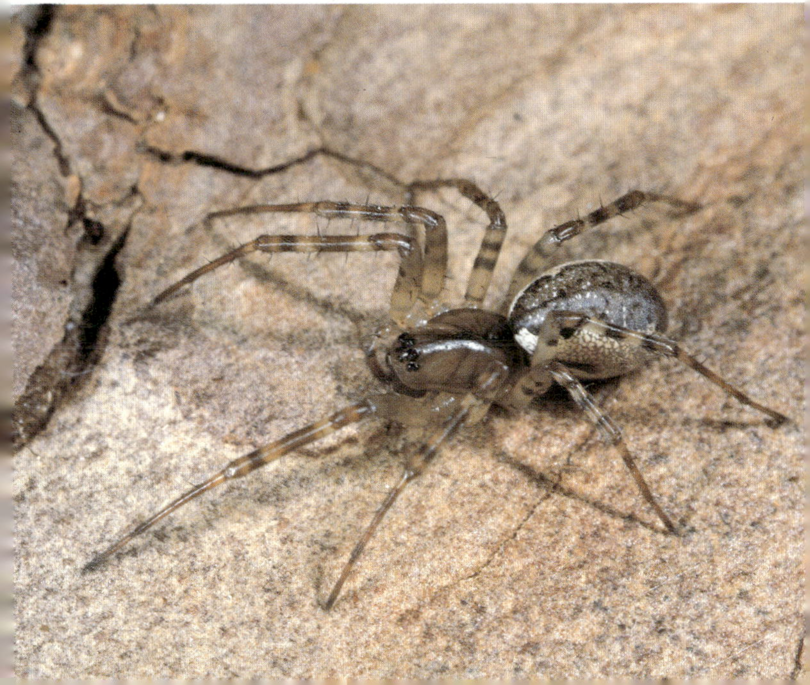

Familie Linyphiidae (Baldachinspinnen)

Stemonyphantes lineatus

Diese verhältnismäßig leicht kenntliche Baldachinspinne erreicht als Weibchen 6, als Männchen 4 mm Körperlänge. Das Prosoma ist wie die Beine hellbraun oder gelblich gefärbt. Von den hinteren Mittelaugen läuft ein schmales, dunkles Längsband zum Hinterrand des Vorderkörpers. Das meist hellgrau gefärbte Opisthosoma trägt eine dichte, dunkle Netzzeichnung und zahlreiche weiße Punkte. Außerdem sind oberseits meist drei Längsreihen aus verschwommenen, grauen Flecken zu erkennen. Die Hinterleibsfärbung kann aber auch deutlich dunkler ausfallen als auf der Abbildung; manchmal erscheint sie sogar rötlich. Die Beine sind im allgemeinen mehr oder weniger deutlich dunkel geringelt. Reife Tiere findet man sowohl im Herbst als auch im Frühjahr.

Die Art ist bei uns weit verbreitet, aber nirgends ausgesprochen häufig. Sie kommt vor allem in lichten Nadelwäldern und an Waldrändern vor, wo sie ihr Baldachinnetz meist in Bodennähe auf niedrigen Pflanzen oder an Baumstämmen herstellt.

Drapetisca socialis

Drapetisca socialis erreicht 4 mm Körperlänge. Das Prosoma ist gelblich mit radiären und medianen Verdunklungen, das verhältnismäßig flache Opisthosoma weißgelb mit unscharfer, dunkler Fleckenzeichnung. Die Spinne lebt sehr häufig und oft in großer Zahl an glattrindigen Baumstämmen, vor allem Buchen, und ist leicht zu finden. Sie ist im Herbst adult.

Lange Zeit glaubte man, daß *D. socialis* keine Netze baut. Erst vor kurzem konnte KULLMANN nachweisen, daß die Art doch Netze herstellt, wenn auch in stark abweichender Form (KULLMANN 1961). Die Spinne webt dünne Gespinstteppiche flach auf der Stammoberfläche. Diese fast unsichtbaren Netze sind etwa 6 cm breit und 4 cm hoch. Sie enthalten anscheinend keine Klebtropfen und alarmieren die Spinne wohl einfach durch die von Beutetieren hervorgerufenen Erschütterungen. *D. socialis* ist recht scheu und flieht bei Beunruhigung sofort aus ihrem Gespinst; auch dies ist ein Grund dafür, daß man sie bisher stets für einen umherschweifenden Jäger hielt.

Stemonyphantes lineatus, (Lonsee SA) 8. 2. 90
Drapetisca socialis, Ringingen SA 2. 10. 83

Familie Linyphiidae (Baldachinspinnen)

Leptyphantes cristatus

Mit 2–2,5 mm Körperlänge gehört *L. cristatus* zum unübersehbaren Heer kleiner Linyphiiden. Die artenreiche Gattung Leptyphantes (bei uns ca. 20 Arten) ist dadurch gekennzeichnet, daß alle Borsten an den Beinen völlig gerade sind. Die gezeigte Art ist nur mikroskopisch sicher zu erkennen. Sie soll hier aber gezeigt werden, da sie durch eine sehr ungewöhnliche Lebensweise auffällt: *L. cristatus* ist eine »Schneespinne«.

Die Art hat ihre Reifezeit im Winter – wie übrigens viele andere Linyphiiden auch. Während die anderen Arten nur selten zu beobachten sind, kann man *L. cristatus* – an Waldwegen etwa – durchaus in größerer Zahl über die Schneeoberfläche laufen sehen. Die Weibchen suchen hier nach kleinen Löchern in der Schneedecke, wie sie z. B. durch Wildspuren entstehen. In solchen Löchern von vielleicht 5 cm Durchmesser und ca. 10–20 cm Tiefe spannen sie ihr unscheinbares Deckennetz ca. 5 cm unter der Schneeoberfläche aus. Als Beute kommen vor allem Springschwänze und verschiedene Mücken in Frage, die zur gleichen Zeit anzutreffen sind. Die Männchen suchen die Weibchen in ihren Netzen auf und paaren sich mit ihnen – mitten im Winter.

Porrhomma rosenhaueri

P. rosenhaueri ist wie die vorgenannte Art sehr unscheinbar, aber auch sie ist durch Anpassung an extreme Lebensbedingungen gekennzeichnet. Innerhalb der Gattung *Porrhomma* – alle Arten etwa 2, z. T. auch 3 mm groß – gibt es eine Anpassungsreihe von normalen Waldbodenbewohnern bis zu echten Höhlentieren. Am Anfang dieser Reihe steht *P. pygmaeum*, die außer am Waldboden auch im Eingangsbereich von Höhlen auftritt. Sie ist dunkel pigmentiert, relativ kurzbeinig und hat normale Augen. Am Ende der Reihe finden wir *P. rosenhaueri*, die noch niemals außerhalb von Höhlen angetroffen wurde. Ihr Körper ist bleich gefärbt, die Beine sind stark verlängert, die Augen völlig zurückgebildet. Zwischen diesen beiden Arten vermitteln weitere, die eine mehr oder weniger bleiche Körperfarbe und teilweise reduzierte Augen aufweisen.

Wie für echte Höhlentiere typisch, ist *P. rosenhaueri* zu allen Jahreszeiten in jedem Entwicklungsstadium anzutreffen. (Im Inneren von Höhlen fehlt ein jahresperiodischer Zeitgeber.) Die bisher bekannten Fundorte liegen auf der Fränkischen und der Schwäbischen Alb – möglicherweise ist die Spinne aber weiter verbreitet.

L. cristatus mit Fangnetz im Schnee, Humlangen OS 3. 3. 81
P. rosenhaueri im Fangnetz, Höhle im Gr. Lautertal SA 20. 12. 81

Familie Linyphiidae (Baldachinspinnen)

Unterfamilie Erigoninae (Zwergspinnen)

Etwa zwei Drittel aller Linyphiiden gehören zur Unterfamilie der
Zwergspinnen. Keine ihrer Arten erreicht mehr als 4, die meisten
nur 1–2 mm Körperlänge. Eine Artbestimmung ist sehr schwierig.
Bei starker Vergrößerung enthüllen viele Arten jedoch einen schier
unglaublichen Formenreichtum, besonders die Männchen. Diese
sind oft durch höchst bizarre Auswüchse in der Kopfregion ausgezeichnet, auf denen meist die Augen liegen. Sie bewohnen vor allem
die Streuschicht des Waldbodens, wo sie kleine Gespinstteppiche
weben. Innerhalb der Linyphiiden sind sie durch nur eine dorsale
Borste an den Hintertibien (statt 2) gekennzeichnet.

Walckenaeria acuminata

Walckenaeria acuminata gehört mit 3–3,7 mm Körperlänge zu
den »Riesen« unter den Zwergspinnen. Das Männchen besitzt in
der Kopfregion einen roßhaardünnen, ca. 1 mm aufragenden und
etwas nach vorn gebogenen Fortsatz, auf dem alle acht Augen
liegen. Beim Weibchen ist an der gleichen Stelle ein konischer
Hügel entwickelt. *W. acuminata* kommt in ganz Deutschland nicht
selten vor. Die Art lebt am Waldboden wie auch in Wiesengelände
und ist im Winter (Oktober – April) adult. Man findet sie am besten
durch Sieben der Streuschicht oder durch Absuchen der Schneeoberfläche an sonnigen, milden Wintertagen.

Enidia bituberculata (= Hypomma bituberculatum)

Enida bituberculata ist eine der häufigsten Zwergspinnen. Sie wird
2–3 mm groß und lebt überall am Ufer von Gewässern auf Gräsern
und anderen Pflanzen. Im Mai und Juni sind die Spinnen ausgewachsen. Während das Weibchen keine markanten Merkmale
aufweist, ist das Männchen durch zwei blasenförmige Auftreibun-
gen über der Augenregion ausgezeichnet. Darunter liegen beiderseits deutliche Längsfurchen. Bristowe konnte zeigen, daß das
Weibchen bei der Kopula seine Chelicerenklauen in diese Furchen
einrastet (Bristowe 1971). Damit konnte zum ersten Mal eine
Funktion der merkwürdigen Kopfauswüchse von Zergspinnen-
männchen nachgewiesen werden. Für weitere biologische Untersuchungen bieten die Zwergspinnen noch ein fast unerschöpfliches
Betätigungsfeld.

Walckenaeria acuminata, Männchen, (Gerhausen SA) 18. 12. 77
Enidia bituberculata, Männchen, (Roggenburg BS) 11. 5. 81

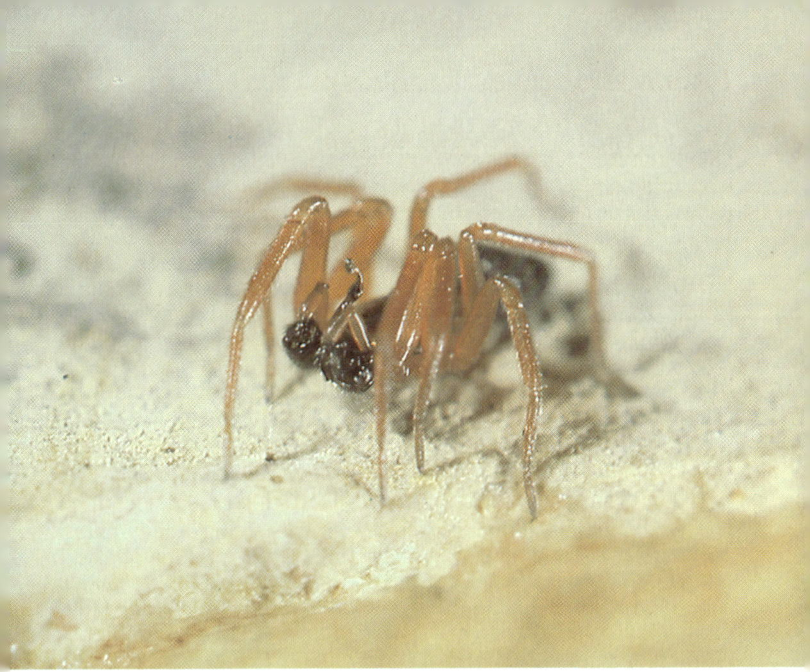

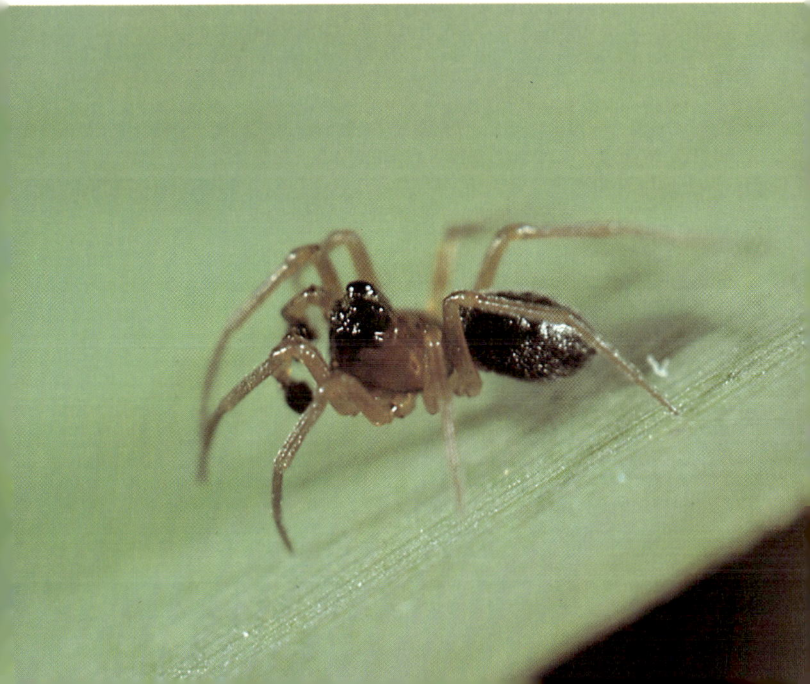

Familie Araneidae (Radnetzspinnen)

Die Araneiden sind sicher die bekanntesten Spinnen überhaupt. Die Arten dieser Familie erinnern im Körperbau sehr an Baldachinspinnen. Beide Familien unterscheiden sich durch die Position der Augen (siehe S-36 und S-37).

Wesentlich einfacher sind die Araneiden durch ihre markanten Radnetze zu erkennen. Diese bestehen im wesentlichen aus zahlreichen Radien und einer Fangspirale mit Klebtropfen. Diese Radnetze können mannigfacher abgewandelt sein, etwa durch eine offene Nabe (ein »Loch« in der Mitte), ausgesparte Sektoren oder Stabilimente – breite Seidenbänder mit vermutlich Tarnfunktion. Außer bei den Araneiden kommen Radnetze nur noch bei Tetragnathiden, Metiden, Theridiosomatiden und Uloboriden (hier mit cribellaten Fangfäden) vor. In Deutschland gibt es etwa 50 Arten.

Araneus diadematus (Gartenkreuzspinne)

Die Gartenkreuzspinne, mit ca. 15 mm Körperlänge eine unserer größten Spinnen, ist an der auffälligen Kreuzzeichnung auf dem Hinterkörper leicht zu erkennen. (Vergl. aber die beiden folgenden Arten!) Auch die nur 5–10 mm großen Männchen zeigen das gleiche Zeichnungsmuster. Die Grundfarbe kann zwischen gelbbraun und schwarzbraun variieren.

Die Spinne sitzt tagsüber meist in der Netzmitte. Manche Exemplare findet man auch – besonders bei trübem Wetter – seitlich vom Netz in einem Schlupfwinkel. Reife Tiere findet man ab August. Zur Paarung nähert sich das Männchen sehr vorsichtig. Es spinnt zum Netz des Weibchens einen Werbefaden, an dem es ständig zupft. Das Weibchen zeigt schließlich seine Paarungsbereitschaft, indem es sich reglos kopfunter am Werbefaden festhält, die Bauchseite mit der Genitalöffnung zum Männchen gerichtet. Dieses springt blitzschnell auf das Weibchen, führt einen Taster ein und entfernt sich bereits nach wenigen Sekunden.

Im September oder Oktober stellt das Weibchen im Grase meist mehrere Eikokons her, die außen mit gelber Fadenwatte umgeben sind. Die Jungspinnen schlüpfen im folgenden Frühjahr, überwintern halbwüchsig und werden erst im zweiten Jahr erwachsen.

Seite 83: *Araneus diadematus*, helles Exemplar, Rotenburg LH 8. 75
Seite 84: *Araneus diadematus* im Netz, Sunder LH 10. 8. 89
Seite 85 oben links« *Araneus diadematus*, dunkles Exemplar, (Lonsee SA) 29. 10. 89
oben rechts: *Araneus diadematus*, Jungspinnen, Rotenburg LH 7. 74
unten: Balz von *Araneus diadematus*, Rotenburg LH 9. 74

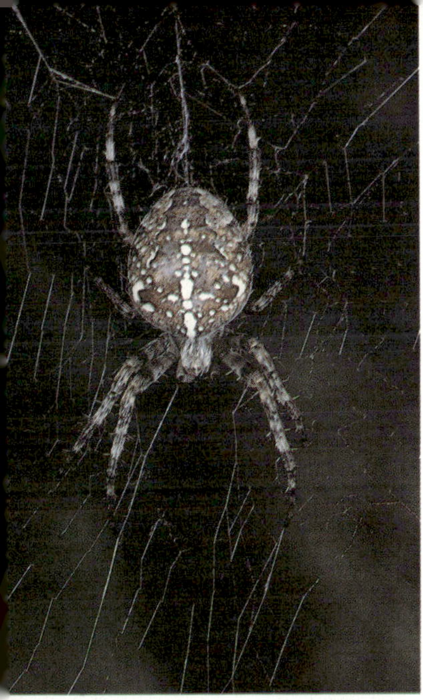
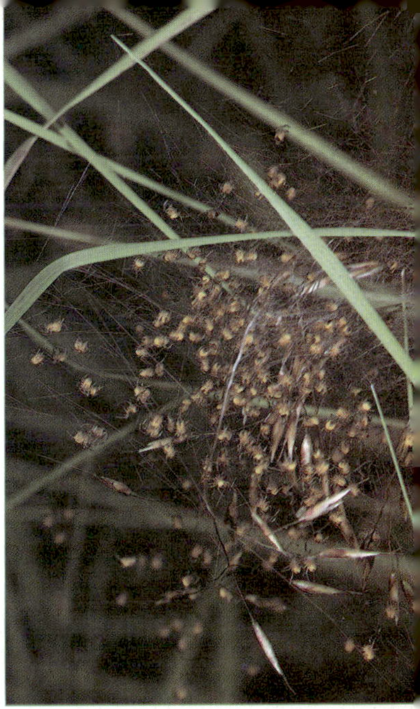
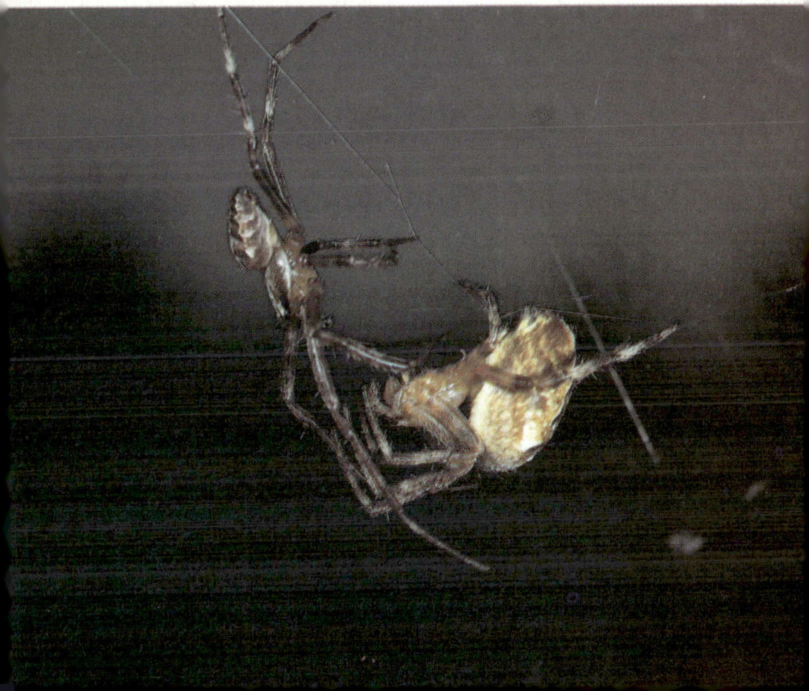

Familie Araneidae (Radnetzspinnen)

Araneus quadratus (Vierfleck-Kreuzspinne)

Araneus quadratus erreicht etwa die Größe der Gartenkreuzspinne, erscheint durch ein breiteres Opisthosoma aber massiger. Das Zeichnungsmuster besteht aus vier schräggestellten, weißen Flecken, die zusammen ein nach vorn verschmälertes Trapez bilden. Das vordere Fleckenpaar bildet oft mit weißen Längsflecken ein Kreuz wie bei *A. diadematus*. Die Färbung ist äußerst variabel. Es kommen fast weiße Exemplare direkt neben dunkelbraunen, kirschroten oder orangefarbenen Stücken vor.

A. *quadratus* sitzt tagsüber meist in einer glockenförmigen, unten offenen Retraite neben dem Netz. Die Art ist etwa ebenso häufig wie die Gartenkreuzspinne, stellt aber höhere Ansprüche an den Lebensraum. Sie kommt am häufigsten auf langgrasigen, verkrauteten Wiesen vor, wobei der Grad der Feuchtigkeit unwichtig ist. Ihr Netz ist fast immer dicht über dem Boden ausgespannt. Die Reifezeit entspricht etwa der von *A. diadematus*; die Entwicklung ist jedoch einjährig.

Araneus marmoreus (Marmorierte Kreuzspinne)

Araneus marmoreus ähnelt in Größe und Zeichnung ebenfalls der Gartenkreuzspinne. Das Opisthosoma ist oval, also in der Mitte am breitesten, während es bei *A. diadematus* nach dem ersten Drittel am breitesten ist. Vorn am Opisthosoma liegen 3 weiße Flecken in einem Dreieck; durch weitere Flecken kann wieder ein Kreuzmuster ausgebildet sein. Ansonsten ist der Hinterkörper in sehr unterschiedlicher Weise gefärbt und meist auffallend stark gescheckt. Bei der abweichend gefärbten Form *A. marmoreus f. pyramidatus* ist der Hinterleibsrücken zitronengelb mit fast schwarzer Blattzeichnung in der hinteren Hälfte.

A. *marmoreus* ist etwas seltener als *diadematus* und *quadratus*, kommt aber ebenfalls fast überall in Deutschland vor. Vorzugsbiotope dieser Art sind etwas feuchte Ödlandflächen oder Wiesen mit Gebüsch und Waldränder. Die Marmorierte Kreuzspinne sitzt wie *A. quadratus* tagsüber in einer glockenförmigen Retraite neben dem Netz. Auch sie gehört zu den herbstreifen Radnetzspinnen.

Araneus quadratus, Langenau SA 27. 8. 91
Araneus quadratus, Rotenburg LH 9. 75
Araneus marmoreus, Baustetten OS 15. 10. 89
Araneus marmoreus f. pyramidatus, Rotenburg LH 10. 75

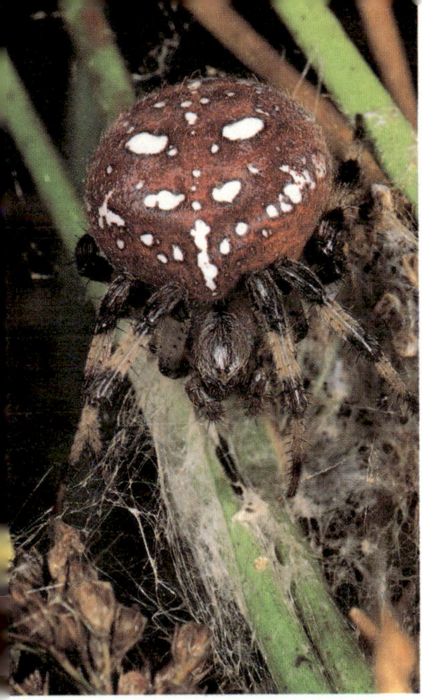
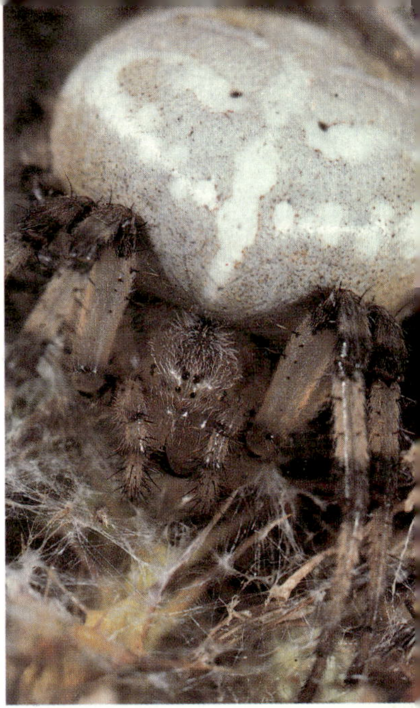
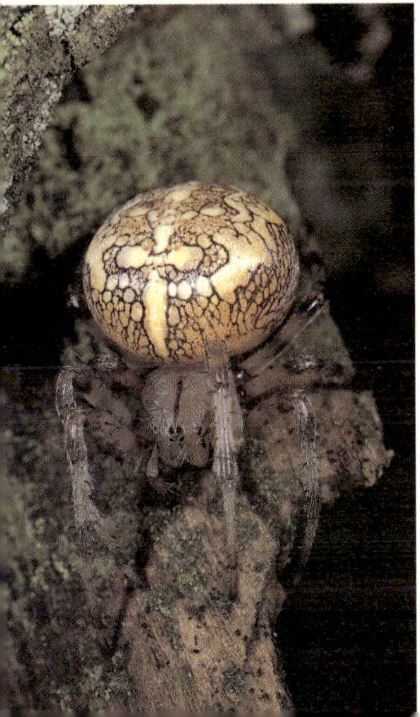
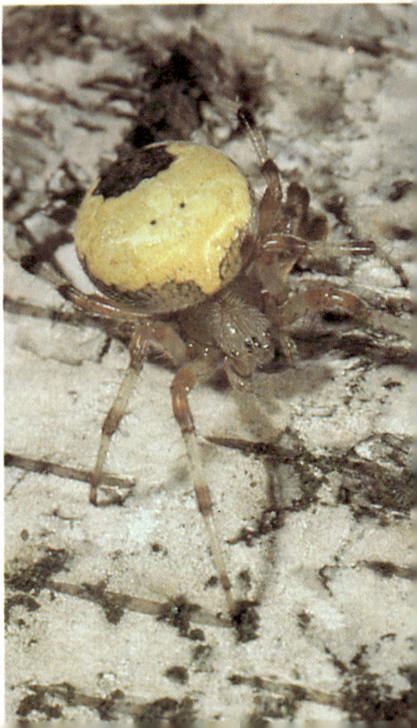

Familie Araneidae (Radnetzspinnen)

③ Araneus alsine

Araneus alsine ist sicher die schönste *Araneus*-Art. Sie wird etwa 15 mm groß. Der leuchtend orangefarbene, fast kugelige Hinterkörper ist mit zahlreichen, gelblichweißen Punkten gesprenkelt. Die Spinne sitzt stets in einem tütenförmig zusammengerollten, trockenen Blatt neben dem Netz. Man kann sie nur finden, indem man nach derartigen, unten offenen Blatttüten sucht, die durch ihre Aufhängung an Spinnfäden frei zu schweben scheinen. Sie lebt auf feuchten, grasigen Waldlichtungen und Sumpfwiesen. Die Reifezeit liegt im Juni/Juli.

② Araneus angulatus (Gehörnte Kreuzspinne)

Bei der ca. 15 mm großen Gehörnten Kreuzspinne ist das Opisthosoma vorn in zwei deutliche Schulterhöcker ausgezogen. Zwischen diesen Höckern liegt eine dichte Gruppe kleiner, weißer Flecke. Die Färbung ist meist dunkelbraun. *A. angulatus* ist eine typische Spinne lichter Wälder, wo sie ihr Netz oft an einem sehr langen Faden (bis 5 m) von Baum zu Baum befestigt. Reife Tiere gibt es von Juni bis September.

Gibbaranea bituberculata

Bei *Araneus bituberculatus* stehen zwei Schulterhöcker seitlich vom Hinterkörper ab, so daß dieser die Form eines Wappens erhält. Die Schulterhöcker sind immer zweifarbig: vorn dunkel, hinten deutlich abgesetzt weißlich. Die Färbung der bis zu 9 mm großen Spinne kann zwischen rotbraun und gelbbraun variieren. Sie lebt in sonnigem, trockenem Gelände und ist im Mai reif.

Aculepeira ceropegia (Eichblatt-Radspinne)

Diese etwa 15 mm große Radnetzspinne ist an der charakteristischen »Eichblatt«-Zeichnung des Hinterkörpers leicht zu erkennen. Die Spinne sitzt tagsüber auf der Nabe oder auf einer tellerförmigen, frei sichtbaren Warte (s. Abb.). Die Eichblatt-Radspinne ist vor allem im südlichen Deutschland (hier besonders im Bergland) verbreitet. Sie lebt auf sonnigem Ödland und Wiesen und ist im Juni und Juli adult.

Araneus alsine, Rotenburg LH 8. 74
Araneus angulatus, Rotenburg LH 7. 75
Gibbaranea bituberculata, Oberbergen KS 16. 5. 76
Aculepeira ceropegia, Allmendingen SA 8. 6. 76

Familie Araneidae (Radnetzspinnen)

Agalenatea redii (Körbchenspinne)

A. redii erreicht bis 7 mm Körperlänge. Das Opisthosoma ist flaumhaarig, mit einem hell umrandeten Mittelfleck gezeichnet und meist etwas breiter als lang. Die Zeichnung kann ansonsten stark variieren. Die häufige Spinne bewohnt vorzugsweise sonniges Ödland. Sie hält sich auf der Nabe oder neben dem Netz in einem napfförmigen, oben offenen Schlupfwinkel auf. Die Art ist schon sehr früh im Jahr (April/Mai) ausgewachsen.

Nuctenea umbratica (Spaltenkreuzspinne)

Durch ihren stark abgeflachten Körper ist die bis 12 mm große Spaltenkreuzspinne ein prädestinierter Spaltenbewohner. Nur nachts sitzt die dunkelbraune, leicht kenntliche Art in ihrem Radnetz. Ihr Netz ist immer deutlich exzentrisch, und zwar ist die Nabe zum Schupfwinkel hin verschoben. *N. umbratica* lebt besonders an Baumstämmen mit losgelöster Rinde, an Zaunpfählen und Gebäuden. Die Art ist ganzjährig adult.

Larinioides cornutus (Schilfradspinne)

Die bis 12 mm große Schilfradspinne ist hellgrau bis gelbbraun gefärbt und besitzt als kennzeichnendes Merkmal vorn auf dem Opisthosoma einen dunklen Keilfleck mit nach hinten erweiterter, heller Umrandung. *L. cornutus* lebt sehr häufig am Ufer von Gewässern, oft in großer Individuenzahl. Tagsüber sitzt die Spinne meist in ihrer Retraite. Reife Tiere treten ganzjährig auf.

Larinioides sclopetarius (Brückenkreuzspinne)

Die Brückenkreuzspinne ähnelt sehr der gleichgroßen, vorangegangenen Art. Ihr Opisthosoma ist aber etwas abgeflacht, der Keilfleck meist nur ganz schwach umrandet. Besonders markant ist ein heller, V-förmiger Haarstreifen, der die Kopfpartie vom hinteren Bereich des Prosoma trennt. *L. sclopetarius* lebt regelmäßig an Bauwerken über und neben fließendem Wasser, außer an Brücken auch an Hauswänden und Straßenlaternen. Die Spinne sitzt tagsüber im Schlupfwinkel, nachts im Netz. Sie ist fast das ganze Jahr hindurch in ausgewachsenen Exemplaren zu finden.

Agalenatea redii, Posthausen bei Bremen 4. 76
Nuctenea umbraticus, (Rotenburg LH) 4. 75
Larinioides cornutus, Niemetal SN 7. 75
Larinioides sclopetarius, Baustetter Ried OS 9. 76

Familie Araneidae (Radnetzspinnen)

Araniella cucurbitina (Kürbisspinne)

Die Kürbisspinne wird nur etwa 6–7 mm groß und ist daher trotz ihrer Häufigkeit leicht zu übersehen. Das Prosoma ist wie die Beine hell gelbbraun gefärbt, das Opisthosoma leuchtend gelbgrün mit meist vier Paaren schwarzer Punkte. Unterseits liegt hinter den Spinnwarzen ein leuchtend roter Fleck. Beim Männchen ist das Prosoma an den Seiten schwarz gestreift. Die Reifezeit reicht von Mai bis Juli. Die Spinne webt ihr kleines Radnetz gern flach auf der Oberseite größerer Blätter.

Atea sturmi (= Araneus sturmi)

Diese kleine Radnetzspinne wird nur etwa 5 mm lang. Ihr Hinterkörper ist fast kugelig und etwa ebenso lang wie breit. Die Grundfärbung schwankt zwischen rotbraun und hellbraun. Meist sind vorn an den Seiten des Hinterkörpers dunklere, nach hinten bogenförmig begrenzte Partien gegen die hellere Rückenfärbung deutlich abgegrenzt. Die Reifezeit reicht von Mai bis August. Die Art lebt fast ausschließlich in Nadelwäldern.

Cercidia prominens

Diese Radnetzspinne gehört mit bis zu 6 mm Körperlänge ebenfalls zu den kleineren Arten. Ihr besonderes Merkmal ist der vorn etwas zugespitzte Hinterkörper, der an seinem Vorderrand jederseits 3–4 spitze, schwarze Dornen trägt (erst bei stärkerer Vergrößerung sichtbar). Die Färbung ist auffallend rotbraun und etwas glänzend. Über die Mitte des Opisthosoma zieht ein meist deutlich abgesetzter, hellerer Längsstreifen. Reife Tiere findet man fast ganzjährig. Die Spinne lebt sehr verborgen am Erdboden.

Neoscona adianta (= Araneus adiantus) (Heideradspinne)

Diese schöne Art erinnert etwas an die Eichblatt-Radspinne (S. 88), bleibt aber mit maximal 7 mm Körperlänge deutlich kleiner. Das Opisthosoma trägt oberseits paarige, nach außen winklig vorspringende, weiße Flecken, die außen dunkel gesäumt sind und nach hinten immer kleiner werden. Die von Juli bis September adulte Spinne lebt vorwiegend an offenen Stellen mit Zwergsträuchern.

Araniella cucurbitina, Rotenburg LH 7. 75
Atea sturmi, (Roth FR) 21. 7. 77
Cercidia prominens, (Pula/Istrien) 12. 9. 89
Neoscona adianta, Rotenburg LH 8. 76

Familie Araneidae (Radnetzspinnen)

Cyclosa conica (Kreisspinne)

Die Kreisspinne erreicht bis 8 mm Körperlänge und ist an der charakteristischen Form des Opisthosoma leicht kenntlich. Dieses ist nach hinten oben in einen deutlichen Zipfel ausgezogen, der das Hinterleibsende mit der Spinnwarzenregion deutlich überragen kann. Die Zeichnung ist äußerst variabel. Die Spinne sitzt stets auf der Nabe ihres sehr regelmäßig gewobenen Netzes. Über und unter der Nabe ist ein bandförmiges Stabiliment eingewoben, auf dem oft Beutereste befestigt sind. Bei Störungen versetzt die Spinne ihr Netz in schnelle Schwingungen oder läßt sich fallen. Die Reifezeit liegt im Mai und Juni. Die Kreisspinne ist bei uns weit verbreitet und fast überall eine der häufigsten Radnetzspinnen. Man findet sie vor allem in Fichtenwäldern, wo ihre Netze an den dürren, unteren Zweigen gut zu erkennen sind. Die goldgelben Eikokons werden neben dem Netz an Zweigen befestigt.

Cyclosa oculata

Die nur 5 mm große *Cyclosa oculata* unterscheidet sich von *C. conica* deutlich durch das hinten vierspitzige Opisthosoma. Die seltene Spinne lebt an warmen, meist trockenen Orten mit niedriger Vegetation. Ihr Netz gleicht weitgehend dem der Kreisspinne, befindet sich aber immer dicht über dem Boden. Die Art ist im Juni und Juli reif. Die Weibchen befestigen ihre Eikokons auf dem oberen Stabiliment. Die abgebildete Spinne (Bildmitte) ist in ihrer Tarnung fast unsichtbar.

Mangora acalypha (Streifenkreuzspinne)

Die Streifenkreuzspinne wird nur 5 mm groß und gehört damit zu den kleinsten Radnetzspinnen. Ihre Grundfärbung ist hellgelblich mit drei parallelen, dunklen Punktreihen längs auf dem Hinterkörper. Diese Punktreihen sind besonders in der hinteren Hälfte des Opisthosoma entwickelt und können miteinander vernetzt sein. *Mangora acalypha* kommt in ganz Deutschland vor. Ihr Lebensraum sind sonnige Gebiete mit niedriger Vegetation, vor allem Trockenrasen und Ödland. Sie ist im Mai und Juni adult. Ihr Netz ist extrem feinmaschig: es hat 50–60 Radien und nur 1 mm Klebfadenabstand. Die Spinne sitzt stets auf der Nabe.

Cyclosa conica im Netz, Wiblingen OS 9. 76
Cyclosa conica, Rotenburg LH 5. 72
Cyclosa oculata, Eltersdorf FR 17. 6. 76
Mangora acalypha, Groß Lengden SN 6. 75

Familie Araneidae (Radnetzspinnen)

Argiope bruennichi (Wespenspinne)

Die Wespenspinne ist zweifellos eine der schönsten und auffallendsten Spinnen unserer Heimat. Ihr Prosoma ist silbrig weiß behaart, das Opisthosoma gelb und schwarz quergebändert. Der Anteil von Gelb und Schwarz kann dabei variieren. In unseren Breiten erreicht die Spinne 15 mm Körperlänge, in Südeuropa oft mehr als 2 cm. Die Männchen sind mit nur etwa 5 mm Länge geradezu winzig.

Die Wespenspinne lebt in sonnigen Gebieten mit niedriger Vegetation. Der Grad der Feuchtigkeit ist dabei nicht entscheidend. So kommt sie auf Trockenrasen genauso vor wie auf Sumpfwiesen. Das meist unmittelbar über dem Erdboden angelegte Radnetz ist sehr charakteristisch: Die Nabe ist mit flächigem, weißem Gespinst bedeckt; über und unter der Nabe verläuft ein zickzackförmiges Gespinstband, das Stabiliment. Bei ausgewachsenen Spinnen fehlt oft der obere Teil des Stabiliments. Die Spinne sitzt stets in der Netzmitte. Wird sie beunruhigt, versetzt sie ihr Netz in schnelle, schwingende Bewegungen. Dem Beobachter erscheint jetzt das Bild eines unscharfen, hell-dunklen Streifenmusters, das sich vom oberen Stabiliment über den Spinnenkörper zum unteren fortsetzt. Freßfeinde, etwa Vögel, könnten auf diese Weise irritiert werden.

Ab Ende Juli sind adulte Spinnen anzutreffen. Die Paarung findet in der Netzmitte statt. Das Männchen nähert sich mit vorsichtig tastenden Bewegungen den Weibchen. Ist dieses paarungsbereit, hebt es seinen Körper vom Netz ab, so daß sich das Männchen in den Zwischenraum drängen und die Paarung vollziehen kann. Meist wird es noch während der Paarung eingesponnen, getötet und schließlich gefressen. Nur selten gelingt ihm die Flucht – dann aber meist unter Verlust eines Beines.

Etwa einen Monat nach der Paarung stellt das Weibchen einen oder mehrere Eikokons her. Der Kokonbau wurde bereits im Kapitel Eiablage und Kokonbau geschildert. Noch im Herbst schlüpfen die Jungspinnen. Sie verlassen aber erst im Mai des folgenden Jahres ihre schützende Behausung und sind bereits nach zwei bis drei Monaten ausgewachsen.

In Anbetracht der stetigen Verarmung unserer Fauna ist die Wespenspinne eine positive Ausnahme. Sie hat in den letzten 50 Jahren – davor kam sie nur in der Oberrheinischen Tiefebene und bei Berlin vor – ihr Areal ständig erweitert und sich mittlerweile in ganz Süddeutschland, ja sogar in Teilen Norddeutschlands bis hin zur Elbe ausgebreitet. Die Häufigkeit ist jedoch von Jahr zu Jahr sehr unterschiedlich.

Argiope bruennichi, Schelingen KS 24. 8. 77

Familie Araneidae (Radnetzspinnen)

Singa hamata (Glanzspinne)

Singa hamata besitzt einen stark glänzenden Körper; das Prosoma der 6 mm großen Spinne ist braunschwarz, das Opisthosoma mit einer charakteristischen, schwarzen Zeichnung auf weißem Grund. Die Spinne lebt meist auf sonnigem, etwas feuchtem Ödland. Sie spinnt ihr kleines Radnetz vorzugsweise in vorjährigen, trockenen Pflanzen oder Heidekraut und hält sich daneben in einem versponnenen Schlupfwinkel auf. Sie ist im Mai und Juni reif.

Hyposinga heri

Diese bis 5 mm große Art ist am Vorderkörper dunkel rotbraun, auf dem Hinterleib gelb bis leuchtend rot gefärbt. Über letzteren laufen außerdem zwei breite, dunkle Längsbinden. Die ziemlich seltene Spinne lebt stets in unmittelbarer Gewässernähe, z. B. am Ufer von Tümpeln oder in Röhrichten, wo sie meist dicht über dem Wasserspiegel ihr kleines Radnetz ausspannt.

Familie Metidae

Die 9 Arten dieser Familie wurden früher zu den Radnetzspinnen, teilweise auch zu den Tetragnathiden, gerechnet. Im Unterschied zu ersteren sind bei ihnen die Pedipalpencoxen mindestens 1,5mal so lang wie breit (dort dagegen nicht länger als breit). Außerdem bauen sie, ähnlich wie die Streckerspinnen, ein Radnetz mit offener Nabe oder mit einem freien Sektor, in dem der Signalfaden verläuft.

Zygiella x-notata (= Zilla litterata) (Sektorspinne)

Die Sektorspinne erreicht bis zu 10 mm Körperlänge. Sie ist gelbbraun gefärbt mit einer typischen Blattzeichnung auf dem Hinterkörper. Sehr kennzeichnend ist ihr Netz: ein Radnetz, bei dem ein breiter Sektor ausgespart ist. In diesem Bereich verläuft ein Signalfaden zum Schlupfwinkel der Spinne. Falls dieser Signalfaden mit der Netzebene einen Winkel von mehr als 40° bildet, baut die Spinne ein volles Radnetz. Die Art ist von Juli bis spät in den Herbst adult anzutreffen. Sie ist häufig überall an Gebäuden.

Singa hamata mit Jungen im Schlupfwinkel, Rotenburg LH 7. 75
Hyposinga heri, (Schmiechen SA) 17. 6. 85
Fangnetz von *Zybgiella x-notata*, Lonsee SA 3. 10. 91
Zygiella x-notata, (Rotenburg LH) 31. 12. 88

98

Familie Metidae

Metellina segmentata (= Meta segmentata, M. reticulata) (Herbstspinne)

Die Herbstspinne ist neben *Linyphia triangularis* und *Araneus diadematus* die dominierende Spinne herbstlicher Waldwege. Die bis 8 mm große Art besitzt bei gelblicher bis grünlicher Grundfärbung eine undeutliche, meist rötliche Blattzeichnung auf dem Hinterleibsrücken. Auf der Dorsalseite des Prosoma verläuft eine dunkle Längsbinde, die sich nach vorn gabelt.

Zur Paarungszeit sitzen die Männchen, oft zu mehreren, am Rande der Netze der Weibchen. Sie warten darauf, daß ein Beutetier ins Netz fliegt. Sofort eilen alle Männchen zur Beute; das schnellste von ihnen wickelt das zappelnde Insekt in Spinnfäden ein und versucht sein Glück wenig später bei dem durch Nahrungsaufnahme abgelenkten Weibchen.

Die Herbstspinne ist fast überall häufig, vor allem an Wegrändern, auf Ödland und Walddichtungen. Sie ist ab Ende August erwachsen. Im September und Oktober spinnen die Weibchen kugelige, weiße Eikokons an Zweigen oder Baumrinde.

Metellina mengei, eine etwas kleinere, sehr ähnlich gefärbte Art, läßt sich nur nach Genitalmerkmalen sicher von *M. segmentata* unterscheiden. Sie lebt an den gleichen Orten wie diese, ist aber früher im Jahr adult (im Mai und Juni); sie wurde bisher vielfach nur als »Frühjahrsvariante« der Herbstspinne betrachtet, ist aber sicher eine eigenständige Art.

Metellina merianae (= Meta merianae)

Diese nahe Verwandte der Herbstspinne wird mit 8–12 mm Körperlänge deutlich größer als diese. Ihre Färbung ähnelt der von *M. segmentata*, geht aber mehr ins Bräunliche; vielfach erscheint der Hinterkörper fast schwarz. Außerdem ist die dunkle Zeichnung auf dem Prosoma meist viel ausgedehnter und kontrastreicher abgesetzt. Reife Tiere sind fast das ganze Jahr hindurch anzutreffen.

M. merianae bewohnt dunkle, sehr feuchte Orte und ist vor allem in den Mittelgebirgen weit verbreitet. Man findet sie z. B. an Felsen in Gewässernähe, besonders aber im Eingangsbereich wasserführender Höhlen, hier oft vergesellschaftet mit der auf der nächsten Doppelseite behandelten Höhlenkreuzspinne.

Metellina segmentata, Rotenburg LH 9. 75
Metellina segmentata, Netzzentrum, Wiblingen OS 9. 76
Metellina merianae, Männchen, Schlattstall SA 8. 12. 91
Metellina merianae, Weibchen, Schlattstall SA 12. 11. 91

Familie Metidae

Meta menardi (Höhlenkreuzspinne)

Die Höhlenkreuzspinne, eine der imposantesten Spinnen unserer Heimat, erreicht 15 mm Körperlänge und erscheint durch ihre langen Beine oft geradezu riesig. Die Grundfärbung von Prosoma und Beinen ist rotbraun. Das hochgewölbte Opisthosoma besitzt vorn an den Seiten je einen großen, schwärzlichen Fleck; dazwischen liegt eine helle Mittelpartie. Nach hinten ist es wieder verdunkelt, so daß die Spinne insgesamt einen recht dunklen Eindruck macht. Das ganze Tier glänzt auffällig. Die Jungspinnen ähneln übrigens den Erwachsenen nur wenig; sie haben ein sehr helles, weißliches Opisthosoma mit Blattzeichnung.

Meta menardi hat ihre größte Häufigkeit im Bergland des südlichen und mittleren Deutschland. Hier besiedelt sie oft in großer Individuenzahl die Eingänge von Höhlen und Stollen, daneben auch dunkle, feuchte Keller. Mit sinkender Temperatur weicht sie im Winter weiter ins Höhleninnere zurück. In Anbetracht ihrer Größe ist das Netz dieser Spinne recht klein; es erreicht höchstens 30 cm im Durchmesser, hat weniger als 20 Radien und, wie für *Meta* und *Metellina* typisch, eine offene Nabe.

Es ist erstaunlich, daß eine so große Spinne, noch dazu in hoher Individuenzahl, einen Lebensraum mit so kargem Nahrungsangebot bewohnen kann. *M. menardi* ist offenbar sehr genügsam. In ihren Netzen findet man kleine Mücken, Asseln und Tausendfüßer, nur selten einmal Falter oder Köcherfliegen, die Höhlen als Überwinterungsplätze aufsuchen.

Ihre Entwicklung dauert mindestens zwei Jahre, möglicherweise auch länger. Reife Spinnen kann man das ganze Jahr über finden. Von Juli bis September stellen die Weibchen etwa 2 cm große, ballonförmige Eikokons von reinweißer Farbe her. Diese sind mit einem unregelmäßigen, dicken Fadenstrang an Höhlenwand oder -decke befestigt und lassen im durchscheinenden Licht im Innern einige hundert gelbe Eier erkennen. Das Spinnenweibchen sitzt noch einige Zeit neben seinem Kokon. Die Jungen schlüpfen oft mitten im Winter.

Meta menardi mit Eikokon,
Kanalisationsschacht bei Reinhausen SN 8. 75

Familie Tetragnathidae
(Streckerspinnen und Kieferspinnen)

Die Tetragnathiden besitzen auffallend große, stark bezahnte Cheliceren. Sie sind bei uns durch zwei sehr unterschiedliche Unterfamilien vertreten, die netzbauenden, schlanken Tetragnathinae (Streckerspinnen) und die untersetzt gebauten, nur in frühester Jugend netzbauenden Pachygnathinae (Kieferspinnen). Die Netze der Tetragnathinae haben wie bei *Meta* eine offene Nabe. Streckerspinnennennetze besitzen eine geringere Speichenzahl (unter 20) als typische *Meta*-Netze (vergl. aber *Meta menardi*!).

Tetragnatha extensa

Tetragnatha extensa, unsere häufigste Streckerspinne, erreicht bis 11 mm Körperlänge. Die Beinpaare 1, 2 und 4 sind stark verlängert, das 3. Paar ist kurz. In Ruhehaltung auf Gräsern und Pflanzenstengeln werden die langen Beine nach vorn und hinten ausgestreckt, das kurze Beinpaar wird seitlich angelegt. Dadurch erscheint die schlanke, metallisch glänzende Spinne fast unsichtbar. *T. extensa* lebt überall an den Ufern unserer Gewässer und ist im Juni und Juli, vereinzelt bis September, adult. Bei der Paarung ergreift das Männchen die gefährlichen Cheliceren des Weibchens, um so dem Gefressenwerden zu entgehen (s. Abb. S. 15). Das Weibchen heftet später seinen mit flockiger, weißer Fadenwatte eingehüllten Eikokon an Grashalme und Pflanzenstengel. Neben *T. extensa* gibt es bei uns fünf weitere, z. T. sehr ähliche *Tetragnatha*-Arten, von denen einige auch trockene Lebensräume, z. B. Fichtenwälder, bewohnen.

Pachygnatha clercki

Pachygnatha clercki ist ein häufiger Vertreter der zweiten Unterfamilie der Tetragnathiden. Das Prosoma der 5–6 mm großen Spinne ist rotbraun mit breitem, dunklem Mittelstreifen und dunkler Randlinie. Das verhältnismäßig kurze Opisthosoma zeigt eine Blattzeichnung wie viele Araneiden. *P. clercki* lebt häufig am Ufer von Gewässern. Sie jagt am Boden und in der Vegetation nach Beute. Nur ganz junge Spinnen bauen Netze. Reife Tiere sind das ganze Jahr hindurch anzutreffen. Auch bei dieser Spinne umgreift das Männchen die Cheliceren des Weibchens, um während der Paarung nicht gefressen zu werden.

Tetragnatha extensa, Humlangen OS 9. 76
Tetragnatha extensa, Netzzentrum, Wiblingen OS 9. 76
Pachygnatha clercki, Lautern SA 11. 76

Familie Theridiosomatidae (Zwergkreuzspinnen)

Die Vertreter dieser Familie (in Mitteleuropa nur eine Art) unterscheiden sich von den Radnetzspinnen vor allem durch ihren kugelspinnenartigen Habitus. Außerdem liegen bei ihnen die vorderen Augen um mehr als ihren Durchmesser vom Stirnrand entfernt.

Theridiosoma gemmosum (Zwergkreuzspinne)

Trotz ihrer winzigen Größe (das Weibchen erreicht 2, das Männchen gerade 1,5 mm Körperlänge) ist diese Art kaum mit einer anderen heimischen Spinne zu verwechseln. Ihr Habitus erscheint durch das stark emporgewölbte Opisthosoma ausgesprochen kugenspinnenartig (sie wurde ursprünglich auch als Kugelspinne beschrieben). Der Hinterkörper ist im oberen Teil so weit nach vorn gewölbt, daß sein vorderes Ende fast über den hinteren Augen liegt. Der hellbraun gefärbte Vorderkörper trägt eine unregelmäßige, schwarze Zeichnung. Der Hinterkörper ist mit zahlreichen, silbern oder golden glänzenden Perlmuttflecken verziert. Das winzige Männchen besitzt vergleichsweise riesige Taster; ihr Volumen entspricht fast dem des gesamten Vorderkörpers. Die Reifezeit erstreckt sich von Ende April bis in den Juli.

Die Zwergkreuzspinne ist bisher in Mitteleuropa erst sehr selten gefunden worden. Sie lebt offenbar nur in den großen Stromtälern (z. B. von Rhein und Donau) und kommt hier nur an dunklen Orten in unmittelbarer Gewässernähe vor. Am leichtesten findet man sie, wenn man schattige, grasbewachsene Ufer von Bächen und Auwaldtümpeln abkeschert, und zwar unmittelbar an der Wasserlinie.

Th. gemmosum baut ein Radnetz, das sich aber in bemerkenswerter Weise von den Netzen der Araneiden unterscheidet. Zum einen sind seine Radien gegabelt, so daß ihre Zahl von innen nach außen zunimmt; zum anderen führt aus der Netzmitte der Signalfaden mehr oder weniger rechtwinklig von der Netzebene weg. Die Spinne sitzt im Netzzentrum und rafft mit ihren beiden vorderen Beinpaaren den Signalfaden zusammen, so daß sich die Netzebene trichterförmig einsenkt. Beim Beutefang löst die Spinne diesen Griff, und die erschlaffenden Fangfäden wickeln sich um die Beute.

Der etwa 3 mm große, birnenförmige Eikokon wird an einem meist mehrere Zentimeter langen Faden aufgehängt. Im Gegensatz zum ähnlichen Kokon des Spinnenfressers (s. folgende Doppelseite) besitzt er eine pergamentartige Hülle.

Theridiosoma gemmosum, (Oberfahlheim BS) 21. 6. 87
Theridiosoma gemmosum hält Signalfaden, (Oberfahlheim BS) 18. 6. 87
Eikokon von *Theridiosoma gemmosum*, (Oberfahlheim BS) 17. 6. 87

Familie Mimetidae (Spinnenfresser)

Die Mimetiden haben sich – wie im deutschen Namen angedeutet – ganz auf das Überwältigen und Verzehren anderer Spinnen spezialisiert. Hierzu sind sie durch ein offenbar besonders wirksames Gift und eine starke Bestachelung der vorderen Beine ausgerüstet. Die Tibien und Metatarsen der beiden vorderen Beinpaare sind mit langen, gebogenen Dornen bewehrt (S-24). Der Habitus ist kugelspinnenähnlich. Bei uns kommen drei Arten vor.

Ero furcata

Ero furcata, der häufigste Spinnenfresser unserer Fauna, wird etwa 3–4 mm lang. Der Hinterleibsrücken trägt vorn oben zwei stumpfe Höcker (die anderen Arten besitzen vier Höcker). Die gelblichen Beine sind kontrastreich schwarz geringelt. *E. furcata* lebt in sehr unterschiedlichem Gelände. In Fichtenwäldern ist diese Art ebenso anzutreffen wie auf Ödland oder an Waldsäumen.

Die Spinne sitzt tagsüber mit angezogenen Beinen z. B. auf trockenen Fichtenzweigen und ähnelt sehr einer abgestorbenen Fichtenknospe. Abends schleicht sie sich in Spinnennetze, vor allem solche von Theridiiden, ein und rüttelt an den Fäden. Die herbeieilende Netzbewohnerin wird blitzschnell in ein Bein gebissen und ist sofort bewegungsunfähig. Sie wird durch die Bißstelle vom Spinnenfresser ausgesogen. Oft ist seine Beute deutlich größer als er selbst.

E. furcata ist im Herbst und im Frühjahr reif. Im Juni/Juli und September/Oktober findet man die sehr kennzeichnenden Eikokons. Diese haben etwa 3 mm Durchmesser, sind von gewellten, braunen Fäden eingehüllt und mit einem oft 2 cm langen Fadenstrang befestigt. Besonders in Fichtenwäldern sind diese Kokons leicht zu finden. Da die Spinnen selbst viel schwieriger zu entdekken sind, kann man versuchen, sie aus den Kokons zu züchten. Die Haltung ist recht einfach, da die Tiere untereinander erstaunlicherweise sehr verträglich sind. Man muß nur ständig für Beutespinnen in ausreichender Zahl sorgen. Kugelspinnen werden als Beute deutlich bevorzugt. Daher besteht eine einfache Möglichkeit der Futterbeschaffung darin, die im Sommer leicht auffindbaren Brutnester von *Theridion impressum* (s. Seite 62) zu sammeln.

Meine im Juli ausgeschlüpfte Spinnenfresser waren bereits Anfang September ausgewachsen. Nach der Paarung bauten die Weibchen wenig später Eikokons. Es ist also gut möglich, daß *E. furcata* bei uns zwei Generationen im Jahr entwickelt. Auch die zweigipflige Reifezeit im Freiland spricht sehr dafür.

Ero furcata mit Eikokon, (Ulm SA) 16. 11. 81

Familie Agelenidae (Trichterspinnen)

Die Trichterspinnen sind zumeist langbeinige und oft große Netzspinnen. Die hinteren Spinnwarzen sind bei den meisten Arten sehr lang und deutlich zweigliedrig (S-30). Die Tarsen tragen oben eine Reihe von Trichobothrien, die zur Fußspitze hin an Größe gleichmäßig zunehmen. Die Netze der Ageleniden sind typische Trichternetze, die von einer meist ausladenden Gespinstdecke in eine beiderseits offene Röhre übergehen. Die Familie ist durch etwa 25 Arten bei uns vertreten.

Agelena labyrinthica (Labyrinthspinne)

Die Labyrinthspinne erreicht als Weibchen 10–14, als Männchen 8–12 mm Körperlänge. Ihr Vorderkörper trägt auf hellbraunem Grund zwei breite, schwarze Längsbinden. Der dunkelgraue Hinterkörper ist oben in einem helleren Mittelstreifen mit einer Reihe weißer Winkelflecke gezeichnet, die an ein Fischgrätenmuster erinnern. Die hinteren Spinnwarzen sind bei dieser Art noch länger als bei den meisten übrigen Trichterspinnen; das Endglied erreicht fast die doppelte Länge des Basalglieds. Die Reifezeit liegt im Juli und August.

A. labyrinthica ist ziemlich häufig an sonnigen Orten mit niedriger Vegetation. Hier findet man regelmäßig ihre weit ausladenden, etwa 30 cm breiten Trichernetze, deren dicht gewobener Teppich sich nach unten in eine etwa fingerdicke Röhre festsetzt. Im Morgentau oder bei Gegenlicht leuchten diese Gespinste auf und sind dann oft schon über große Entfernungen wahrzunehmen. Die Spinne sitzt meist in der Röhrenmündung und stürzt sich von dort aus blitzschnell auf Beutetiere, die auf den Netzteppich fallen. Durch die nach hinten offene Wohnröhre kann sie sich aber auch jederzeit vor einem Angreifer in Sicherheit bringen.

Zur Paarung begibt sich das Männchen in die Wohnröhre des Weibchens. Sofern dieses paarungswillig ist, verfällt es in einen Starrezustand, so daß das Männchen mühelos einen Taster einführen kann. Dieser Vorgang, bei dem die Partner in entgegengesetzter Richtung nebeneinanderliegen, nimmt etwa 90 Minuten in Anspruch. Etwa nochmals die gleiche Zeit verwendet das Männchen, um auch den anderen Taster einzuführen. Danach erwacht das Weibchen aus seinem Starrezustand, und das Männchen macht sich schleunigst davon. Manchmal wird es aber noch vom Weibchen gepackt und verzehrt. Im August findet man den an breiten Gespinstbändern aufgehängten Eikokon in der Röhre.

Fangnetz von *Angelena labyrinthica*, Betzhorn LH 27. 7. 90
Agelena labyrinthica im Netz, Rotenburg LH 29. 7. 78

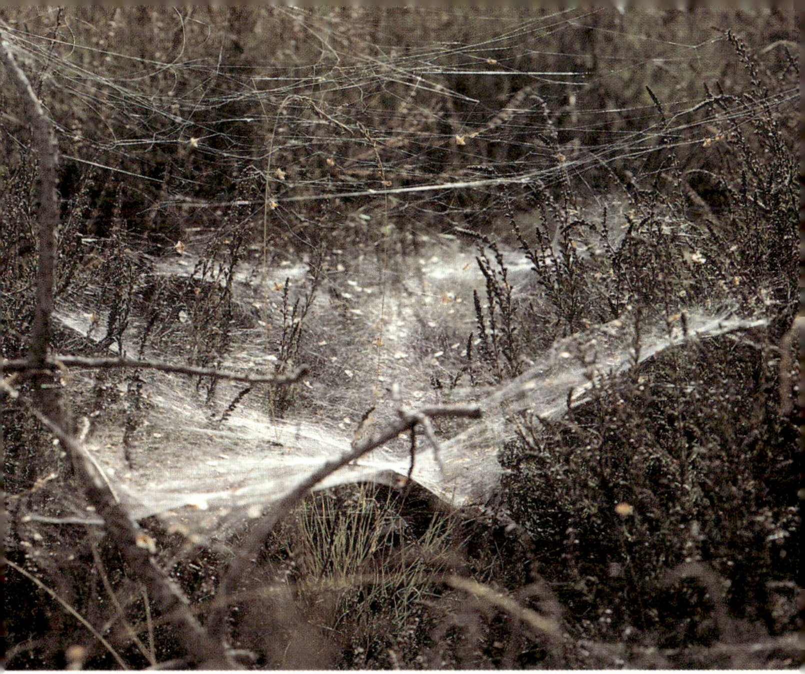

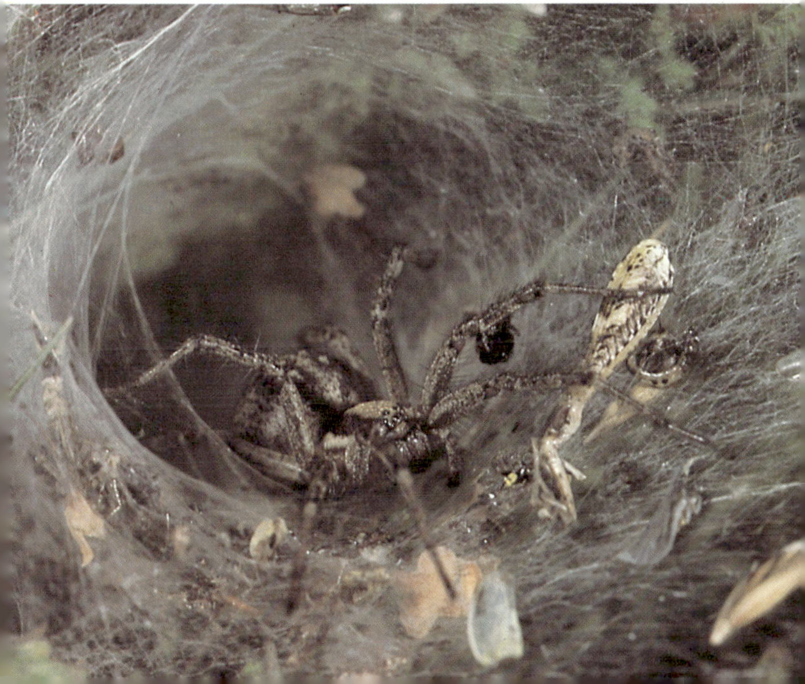

Familie Agelenidae (Trichterspinnen)

Coelotes terrestris

Coelotes terrestris erscheint im Vergleich zu anderen Trichterspinnen deutlich untersetzt und kurzbeinig. Vorder- und Hinterkörper sind etwa gleichlang. Das Prosoma ist dunkel rotbraun gefärbt, das Opisthosoma dunkelgrau mit meist nicht besonders deutlichen, helleren Winkelflecken. Die bis zu 14 mm große Spinne erinnert in ihrer Körperform ganz auffallend an die Arten der Gattung *Amaurobius*. Von diesen unterscheidet sie sich aber klar durch ihre langen, hinteren Spinnwarzen (die auch von oben gut sichtbar sind, siehe untere Abbildung!) und das Fehlen von Cribellum und Calamistrum (*Amaurobius* gehört ja zu den cribellaten Spinnen). Dennoch wurden die beiden Gattungen in der Literatur wiederholt verwechselt, und es gibt neuerdings sogar Versuche, sie gemeinsam in die gleiche Familie zu stellen. *C. terrestris* ist fast das ganze Jahr hindurch als adulte Spinne anzutreffen. Aus der Gattung gibt es bei uns noch 3 weitere, z. T. sehr ähnliche Arten, die sich nur nach Genitalmerkmalen sicher erkennen lassen.

C. terrestris ist in Mitteleuropa fast überall häufig. Sie lebt vorzugsweise in Wäldern, vor allem in dunklen Nadelwäldern, wo man regelmäßig am Waldboden ihre kleinen, flach ausgebreiteten Trichternetze findet. Nicht selten kann man diese auch an der losgelösten Rinde abgestorbener Bäume entdecken. Abends und nachts sitzt die Spinne in der Trichtermündung; tagsüber hält sich sich meist am Grund der Wohnröhre verborgen.

Sehr interessant ist die Brutfürsorge des Weibchens. Die Jungspinnen leben bis zum Tod der Mutter in deren Netz. Sie werden lange Zeit von ihr gefüttert. Tretzel konnte in seiner umfangreichen Monographie über diese Spinne zeigen, daß die Jungspinnen ihre Mutter regelrecht um Nahrung anbetteln (Tretzel 1961a, 1961b). Wenn sich die Jungspinnen nach dem Tode der Mutter zerstreuen, um eigene Netze zu weben, haben sie schon etwa 5 mm Körperlänge erreicht. Berichte, nach denen sie den toten Körper ihrer Mutter am Ende aussaugen, beruhen möglicherweise auf Verwechslung mit der Gattung *Amaurobius* (dort wurde ein solches Verhalten nämlich nachgewiesen). Tretzel dagegen, der *C. terrestris* sehr eingehend beobachtete, macht hierzu keine Angaben.

Fangnetz von *Coelotes terrestris*, Ringingen SA 9. 76
Coelotes terrestris mit Jungspinnen, Humlangen OS 24. 8. 83

112

Familie Agelenidae (Trichterspinnen)

Tegenaria atrica (= T. gigantea) (Hausspinne)

Tegenaria atrica ist sicher die bekannteste Trichterspinne. Die langbeinige, bis 18 mm große Art ist wohl jedem schon einmal, meist unangenehm, aufgefallen, sei es im Bad oder an der Zimmerdecke. Trotz ihres furchterregenden Äußeren kann die Hausspinne ein nützlicher, treuer Hausgenosse werden. Die Spinne sorgt für die Dezimierung lästiger Fliegen und soll dabei ein Alter von bis zu 7 Jahren erreichen! Doch selbst eingefleischte Spinnenfanatiker haben es oft sehr schwer, sich mit ihr anzufreunden. So berichtet BRISTOWE beispielsweise, daß er nie die Furcht vor dieser Spinne habe überwinden können. Auch das einmal von ihm angewandte, bewährte Rezept dagegen, nämlich eine *Tegenaria* zu essen, habe bei ihm keine nachhaltige Wirkung gezeigt (BRISTOWE 1971).

Das ganze Jahr hindurch sind ausgewachsene Hausspinnen anzutreffen. In Fensternischen und Zimmerecken weben sie weitausladende Gespinstteppiche, die in eine nach hinten offene Wohnröhre münden. *T. atrica* ist die häufigste der vier in Häusern lebenden *Tegenaria*-Arten. Eine sichere Unterscheidung der einzelnen Arten ist schwierig. Vier weitere, ausnahmslos kleinere Arten dieser Gattung leben im Freien unter Steinen und Baumwurzeln. Auch die großen Hausspinnen kann man gelegentlich draußen finden, besonders in Steinbrüchen und Kleinhöhlen.

Textrix denticulata

Die 6–8 mm große *Textrix denticulata* erinnert im Habitus und durch das seitlich steil abfallende Prosoma sehr an Wolfspinnen. Zudem ist die hintere Augenreihe stark gebogen, so daß man – wie bei den Lycosiden – auch von drei Augenreihen sprechen könnte. *T. denticulata* ist aber durch die stark verlängerten hinteren Spinnwarzen (sie sind sogar länger als bei allen andern Trichterspinnen) sowie ihr Trichternetz leicht als Agelenide zu erkennen. Die Spinne lebt unter Steinen und Moosen und ist fast ganzjährig, vor allem im Frühjahr und Sommer, adult.

Tegenaria atrica, (Rotenburg LH) 26. 12. 77
Textrix denticulata, (Schelklingen SA) 1. 11. 77

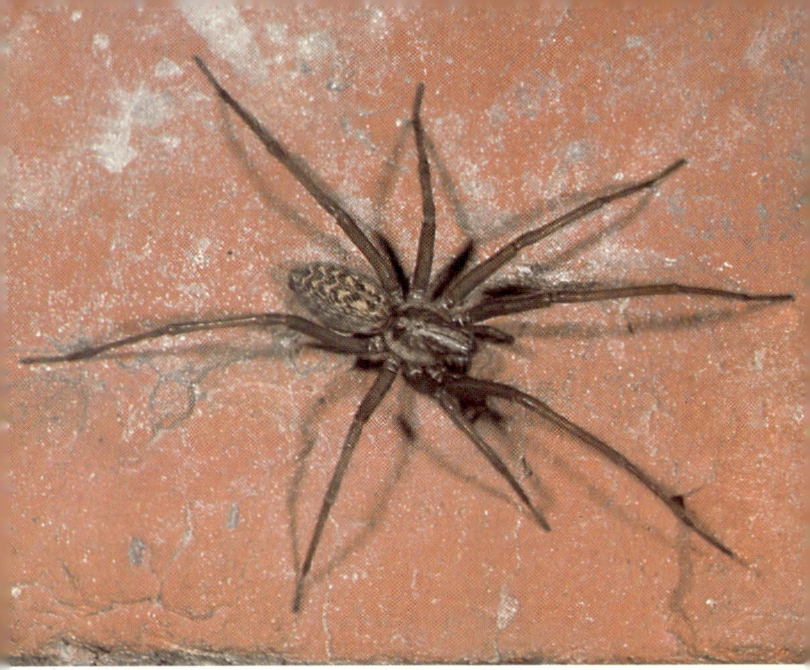

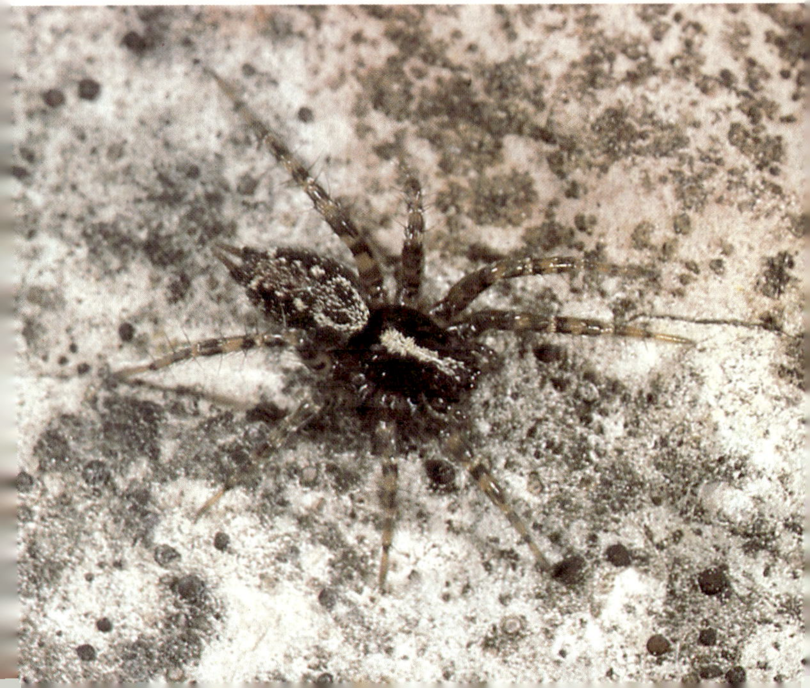

Familie Argyronetidae

3 **Argyroneta aquatica (Wasserspinne)**

G Die Wasserspinne ist die einzige Spinne, die auf Dauer im Wasser zu leben vermag. Ihr Opisthosoma ist mit gefiederten Haaren bedeckt, die ständig eine silbrig glänzende Luftschicht am Spinnenkörper halten. Von Zeit zu Zeit erneuert die Wasserspinne ihren Luftvorrat, indem sie ihr Hinterleibsende über die Wasseroberfläche emporstreckt. Meist hält sie sich jedoch im Innern einer unter Wasser gebauten Luftglocke auf. Die Herstellung einer solchen Luftglocke läßt sich im Aquarium leicht beobachten.

Die Spinne webt zunächst einen horizontalen Gespinstteppich zwischen Wasserpflanzen. Dann steigt sie zur Wasseroberfläche empor und streckt Hinterleibsspitze und Hinterbeine in die Luft. Dann überkreuzt sie ihre Hintertarsen und taucht mit einem plötzlichen Ruck ins Wasser ein. Auf diese Weise reißt sie eine große Luftblase ins Wasser, die sie mit den Hinterbeinen hält. Da sie jetzt einen starken Auftrieb besitzt, hat sie sichtlich Mühe, nach unten zu tauchen und muß sich hierzu an Wasserpflanzen oder Spinnfäden festhalten. Unter ihrem Gespinstteppich öffnet sie ihre Hinterbeine; die Luftblase steigt auf und wölbt das Gespinst nach oben hoch. In der Folge bringt die Spinne immer weitere Lufblasen herbei und verdichtet noch ihr Gewebe, bis schließlich die geräumige, trockene Unterwasserwohnung fertig ist.

Von der Luftglocke führen zahlreiche Spinnfäden in die Umgebung. Diese melden der Spinne vorbeischwimmende oder -kriechende Beutetiere, etwa Wasserasseln oder Insektenlarven. Die Beute wird ergriffen und in der Glocke verzehrt. (Da Spinnen ihre Nahrung vor dem Mund verflüssigen, würde diese im Wasser davonfließen.) Auch die übrigen Lebensvorgänge finden in der Glocke statt: die Häutungen, die Tasterfüllung, die Paarung und die Eiablage. Zur Eiablage (im Sommer) werden besonders hohe Glocken gebaut, die im oberen Teil einen oder mehrere Eikokons und unten die Mutterspinne enthalten. Diese erneuert während der Eientwicklung ständig den Luftvorrat. Die Jungspinnen schlüpfen unbehaart; sie bleiben bis zur nächsten Häutung in der Eiglocke, da sich erst dann das zur Atmung wichtige Haarkleid ausbildet.

Die Wasserspinne gehört zu den ganz wenigen Spinnen unserer Heimat, bei denen das Männchen mit 15 mm deutlich größer wird als das Weibchen (9 mm). Die Spinne hat eine zweijährige Entwicklung; ausgewachsene Tiere findet man das ganze Jahr über. Sie lebt in pflanzenreichen Teichen und Tümpeln, besonders in Mooren.

A. aquatica holt Lufblase herunter, (Neuenkirchen LH) 27. 9. 83
A. aquatica in der Luftglocke, (Neuenkirchen LH) 27. 9. 83

Familie Pisauridae (Raubspinnen)

Die Raubspinnen ähneln im Habitus und in der Augenstellung sehr den Wolfspinnen (Lycosidae). Bei den Pisauriden bilden aber die beiden hinteren Augenpaare ein Trapez, das breiter als lang ist (S-19). Auch im Brutfürsorgeverhalten zeigen sich Ähnlichkeiten. Das Weibchen trägt seinen Kokon längere Zeit – allerdings mit den Cheliceren. Kurz vor dem Schlüpfen der Jungspinnen webt es ein kuppelförmiges Gespinst, in dem es den Kokon aufhängt. Die Jungen bleiben bis zur nächsten Häutung in diesem Gewebe, das von der Mutterspinne »bewacht« wird. Bei uns kommen drei Arten aus dieser Familie vor.

❸ Ⓖ Dolomedes fimbriatus (Gerandete Jagdspinne)

Dolomedes fimbriatus wird 18 mm, manchmal sogar über 2 cm groß und darf damit als größte heimische Spinne gelten. Vorder- und Hinterkörper sind beiderseits von einem breiten, weißen bis gelblichen Streifen flankiert. Bei manchen Stücken ist dieser Streifen nicht so deutlich. Die Unterseite des Opisthosoma ist mit 4 hellen Längslinien gezeichnet. Die sehr viel seltenere zweite Art aus dieser Gattung, *Dolomedes plantarius* (S. 121 unten) besitzt dort nur 2 Linien.

D. fimbriatus bewohnt Moore und Bruchwälder und lebt dort vor allem unmittelbar am Ufer von Gewässern. Sie läuft oft über den Wasserspiegel und kann sogar tauchen. Ihre Beute besteht aus verschiedenen Insekten, aber auch aus Wassertieren, wie kleinen Fischen und Kaulquappen, die sie bei ihren Tauchgängen fängt. Es kommt sogar vor, daß sie einen kleinen Frosch überwältigt.

Die Spinne hat einen zweijährigen Entwicklungszyklus und ist ab Mai adult. Ab Ende Juni sieht man die Weibchen mit ihren großen Kokons, die etwa den Durchmesser eines Pfennigstücks haben und einige hundert Eier enthalten. Nach dem Schlüpfen und Zerstreuen der Jungen stellen sie weitere Kokons her, die aber von Mal zu Mal kleiner werden.

Früher kam die Gerandete Jagdspinne fast überall in Feuchtgebieten vor. In letzter Zeit ist sie vor allem durch Entwässerungsmaßnahmen aber auch durch die zunehmende Verbuschung ihrer Lebensräume deutlich zurückgegangen. Die schöne Spinne muß daher inzwischen als ernsthaft gefährdet gelten.

Seite 119: *Dolomedes fimbriatus* mit Eikokon, Rotenburg LH 18. 7 80
Seite 120 oben: *Dolomedes fimbriatus*, (Eggersmühlen LH) 22. 5. 85
unten: *Dolomedes fimbriatus* frißt Stichling, (Eggersmühlen LH) 17. 5. 85
Seite 121 oben: *Dolomedes fimbriatus*, Jungtier, Rotenburg LH 8. 74
unten: *Dolomedes plantarius*, (Oggelshausen OS) 8. 6. 87

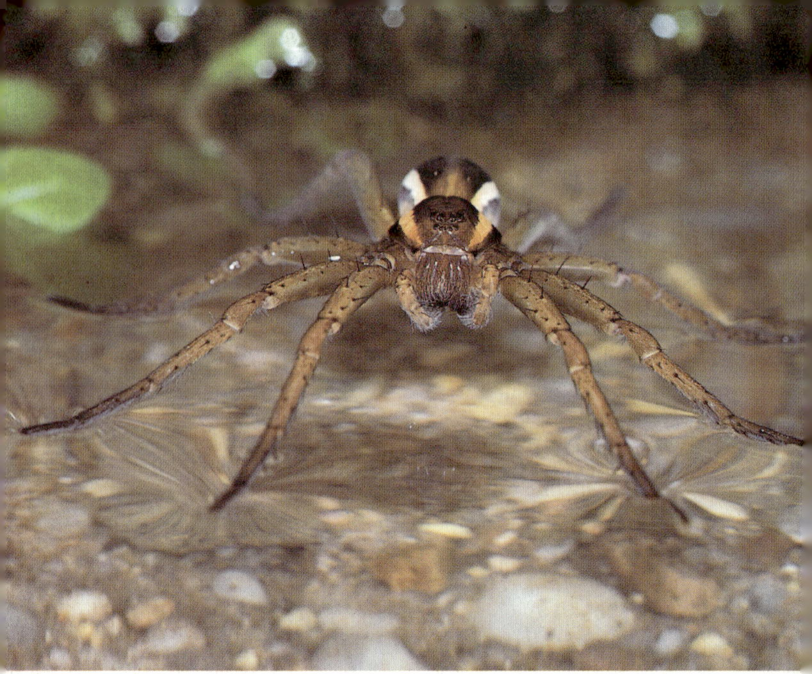

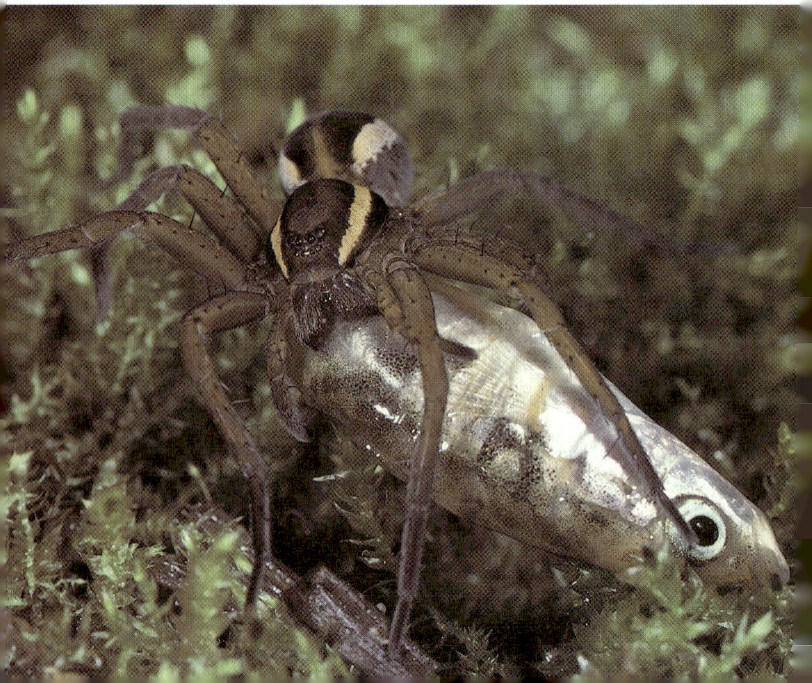

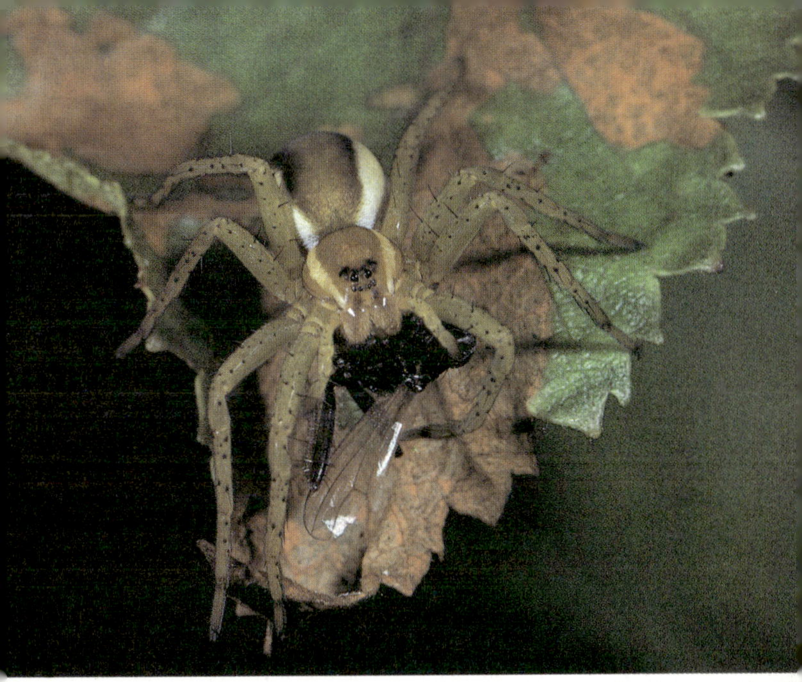

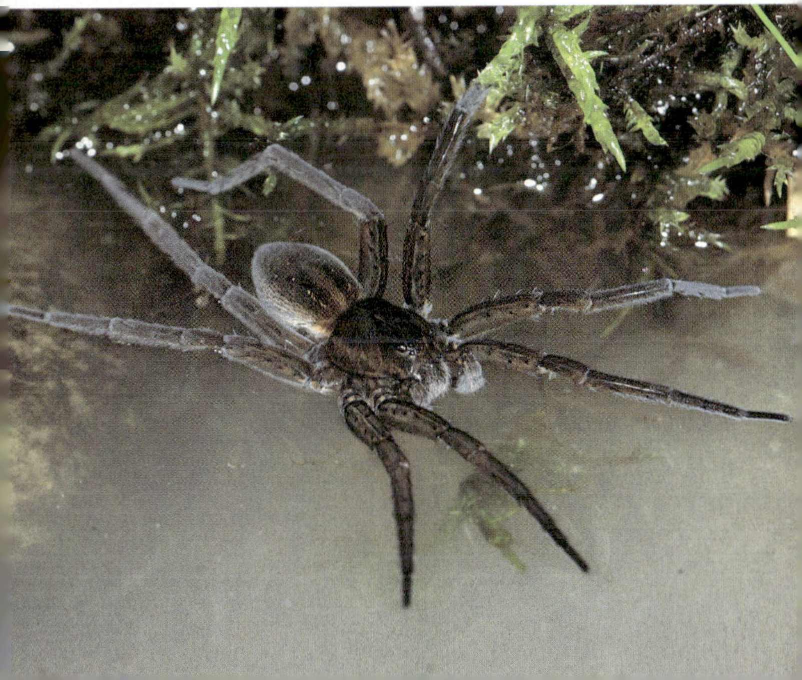

Familie Pisauridae (Raubspinnen)

Pisaura mirabilis (Listspinne)

Pisaura mirabilis wird 11–14 mm groß. Die Grundfärbung der schlanken Spinne ist grau bis hellbraun. Das Opisthosoma ist nach hinten zugespitzt und trägt oben – oft undeutlich – eine Längsbinde aus hellen und dunklen Winkelflecken.

Die Listspinne lebt als häufigste Art aus ihrer Familie fast überall an sonnigen Waldwegen, auf Ödland und verbuschten Trockenrasen. Es gibt wohl kaum eine Gegend, in der sie selten ist. Gern sonnt sie sich mit weit ausgestreckten Beinen auf großflächigen Blättern. Ab Mai findet man adulte Tiere. Das Paarungsverhalten dieser Art gehört zu den faszinierendsten und zugleich amüsantesten Schauspielen in der Welt der Spinnen (der deutsche Name nimmt darauf Bezug).

Das Männchen erbeutet zunächst eine Fliege und wickelt diese in ein dichtes Seidengespinst. Mit diesem »Brautgeschenk« in den Cheliceren sucht es anschließend nach einem Weibchen. Sobald es ein solches erblickt hat, bietet es diesem mit erhobenem Vorderkörper und gewinkelt abgespreizten Vorderbeinen die gut verpackte Beute an. Das Weibchen nähert sich dem Männchen, ergreift die Fliege und beginnt, sie auszusaugen. Das Männchen nutzt unterdessen dieses Ablenkungsmanöver, um sich zu paaren und anschließend ungeschoren zurückzuziehen. Gelegentlich soll es sogar vorkommen, daß es nach vollzogener Paarung sein »Geschenk« wieder mitnimmt, um woanders erneut sein Glück zu versuchen.

Die Paarungszeit fällt meist in die erste Junihälfte. Ab Ende Juni sieht man die Weibchen mit ihren Eikokons. Im Juli sitzen sie dann auf ihren glockenförmigen Brutgespinsten. Sie scheinen die Jungspinnen zu »bewachen«, fliehen aber sofort bei jeder Beunruhigung. Die Jungspinnen sitzen in dichtem Klumpen unter der Gespinstglocke und erwarten ohne Nahrungsaufnahme die nächste Häutung. Bei Störungen laufen sie in alle Richtungen auseinander, versammeln sich aber anschließend gleich wieder. Nach zweimaliger Überwinterung sind sie im nächsten Jahr ausgewachsen.

Pisaura mirabilis, Balz des Männchens mit »Brautgeschenk«, (Ulm SA) 28. 5 85
Pisaura mirabilis mit Eikokon, Ezelheim FR 15. 6. 91
Pisaura mirabilis mit Jungen im Gespinst, Rotenburg LH 7. 74

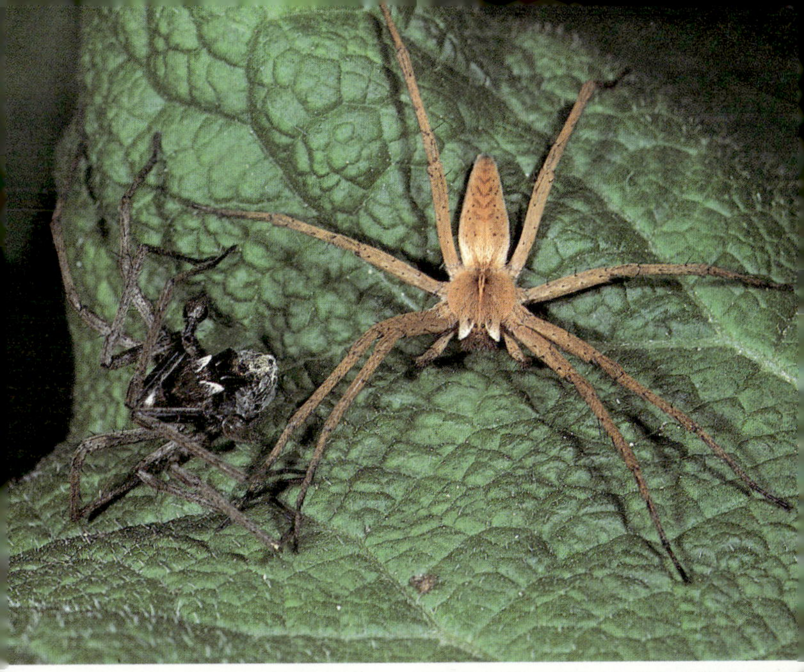

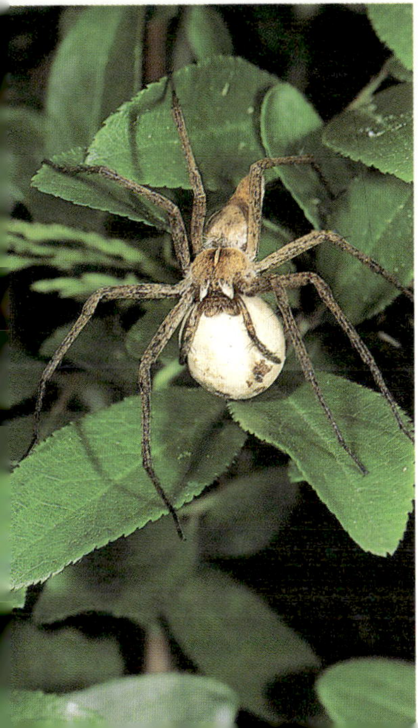

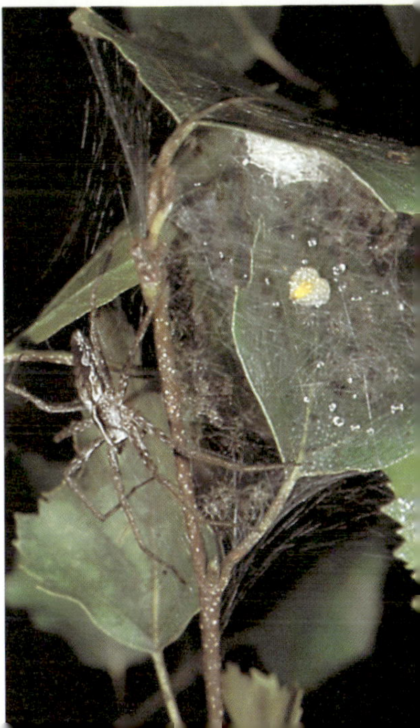

Familie Lycosidae (Wolfspinnen)

Die Wolfspinnen sind freijagende Räuber; sie bauen keine Netze. Nur eine heimische Art, *Aulonia albimana* (s. Seite 134) bildet mit ihren Trichternetzen hier eine Ausnahme. Kennzeichnendes Merkmal dieser Familie ist die Augenstellung: vorn eine Querreihe sehr kleiner Augen, dahinter vier große Augen in einem Trapez, das etwa so lang wie breit ist (S-18). Alle Wolfspinnen tragen ihren Eikokon mit den Spinnwarzen. Die Jungen ersteigen nach dem Ausschlüpfen den Hinterleib der Mutterspinne und lassen sich bis zur nächsten Häutung umhertragen. Bei uns kommen etwa 70 Arten aus dieser Familie vor.

Pardosa lugubris (= P. chelata)

Mit 27 heimischen Arten ist die Gattung *Pardosa* die artenreichste unter den Wolfspinnen. Gemeinsames Merkmal sind die fast senkrecht abfallenden Seiten des Prosoma. Das Augenfeld füllt die ganze Breite des Prosomarückens aus. Die meisten Arten besitzen außerdem ein helles Längsband ohne dunklere Zeichnung auf dem Vorderkörper. Bei *P. lugubris* ist dieses Band nach vorn gleichmäßig verbreitert. Die ca. 7 mm große Art ist eine der häufigsten aus ihrer Gattung. Sie bewohnt in hoher Individuenzahl offene Bodenstellen an Wald- und Wegrändern. Weitere Arten leben in Sumpfgebieten, am Meeresstrand oder im Gebirge.

P. lugubris ist wie die meisten Arten dieser Gattung ab Mai adult. Der Paarung geht eine Balz des Männchens voraus. Dieses winkt alternierend mit seinen tiefschwarzen Pedipalpen. Später, ab Ende Mai und dann den ganzen Sommer hindurch, bauen die Weibchen ihre Eikokons. Sie weben hierzu zunächst eine Gespinstplatte, auf der sie ihren Eiballen ablegen. Mit einer weiteren Gespinstplatte decken sie die Eier ab. Zum Schluß lösen sie das untere Gespinst vom Boden, verbinden die Ränder beider Gewebe und heften den fertigen Eikokon an die Spinnwarzen. Die Eikokons sind etwas abgeflacht und grau oder blaugrün gefärbt. Die Nahtstelle zwischen den beiden Gespinstplatten ist deutlich heller. Ab Juni sieht man dann die Weibchen mit Jungspinnen auf dem Hinterkörper. Derart beladene Mutterspinnen kann man bis in den September hinein beobachten.

Pardosa lugubris mit Eikokon, Rotenburg LH 6. 74
Pardosa lugubris mit Jungen, Rotenburg LH 9. 75

Familie Lycosidae (Wolfspinnen)

Pardosa bifasciata

Pardosa bifasciata gehört zu den wenigen leicht kenntlichen Arten dieser Gattung. Die Körperlänge beträgt beim Weibchen etwa 6, beim Männchen 5 mm. Die Grundfärbung ist auffallend hell graugelb, manchmal auch leicht rötlich. Über den Vorderkörper laufen parallelseitige, dunkelbraune Längsbinden, die etwa die gleiche Breite besitzen wie die drei weißlichen Streifen, die seitlich von ihnen und zwischen ihnen liegen. Der Hinterkörper trägt oben einen dunkel gerandeten, hellgrauen Spießfleck und zwei undeutliche, dunkle Längsbinden, die etwa in der Verlängerung der beiden Prosoma-Binden liegen. Adulte Tiere sind von Mai bis September anzutreffen.

Die Art bewohnt sonnige, trockene Stellen mit schwach entwickelter Vegetation auf sandigem oder steinigem Untergrund. Sie kommt vor allem in Wärmegebieten vor und ist bei uns nicht häufig. An ihren Vorkommensorten trifft man sie aber manchmal in großer Zahl.

Pardosa wagleri

Diese Art gehört mit einer Körperlänge von bis zu 8 mm zu den größeren Vertretern der Gattung. Ihre Färbung ist fast einheitlich hell graubraun, auf Prosoma und Opisthosoma sind im allgemeinen keine oder nur sehr undeutliche Zeichnungen zu erkennen. Auch die Beine sind nur andeutungsweises dunkler geringelt. Adulte Tiere treten von Mai bis Juli auf.

Außer durch ihre von den meisten übrigen *Pardosa*-Arten stark abweichende Färbung ist diese Art durch ihren Lebensraum gut gekennzeichnet. Man trifft sie fast nur in den Schuttfluren alpiner Bäche und Flüsse an, wo sie durch ihre Färbung hervorragend getarnt ist. In Höhen ab 1400 m wird sie gebietsweise von der sehr ähnlichen *Pardosa saturatior* ersetzt, die sich von *P. wagleri* durch deutlich geringelte Beine unterscheidet und auch an trockeneren Orten zu finden ist. Diese Art ist von *P. wagleri* auch genitalmorphologisch kaum zu unterscheiden. Sie kommt sogar noch im Bereich der Schneegrenze vor und kann hier auf Eis und Schnee angetroffen werden.

Pardosa bifasciata, (Reichenbach SA) 20.7.91
Pardosa wagleri, (Unterpinswang/Tirol) 8.7.91

Familie Lycosidae (Wolfspinnen)

3 **Alopecosa fabrilis (= Tarentula fabrilis)**

Die 15 heimischen *Alopecosa*-Arten sind meist deutlich größer als die Arten der Gattung *Pardosa*; einige von ihnen gehören zu den größten heimischen Wolfspinnen. Sie unterscheiden sich von den *Pardosa*-Arten vor allem durch das breitere Prosoma, das nicht neben dem Augenfeld steil abfällt, sondern schräg nach unten ausläuft. *A. fabrilis* erreicht bis 17 mm Körperlänge und gehört damit zu den größten Arten. Das Prosoma trägt zwei breite, dunkle Längsbinden. Das Opisthosoma ist auf der Unterseite scharf abgesetzt schwarz gefärbt; oberseits erkennt man vorn einen schwarzen Spießfleck, der in der Mitte und am Ende seitlich ausgezackt ist, dahinter liegt eine Reihe dunkler Winkelflecke mit paarigen, weißen Punkten. Adulte Tiere sind im Herbst und Frühjahr anzutreffen. Es gibt bei uns noch mehrere sehr ähnliche Arten.

A. fabrilis kommt nur auf Sandböden vor, besonders auf Binnendünen und auf Lichtungen in Kiefernwäldern; sie ist im nördlichen Deutschland viel häufiger als im Süden. Das Weibchen lebt in einer ausgesponnenen Erdhöhle, in der es auch überwintert. Die Art ist in den letzten Jahren deutlich zurückgegangen, da ihre typischen Lebensräume, offene Sandflächen, immer seltener werden.

Alopecosa cuneata (= Tarentula cuneata)

Diese Wolfspinne gehört mit 7–9 mm Körperlänge zu den kleineren Arten der Gattung. Sie gehört zu einer Gruppe einander sehr ähnlicher Arten, die alle durch einen dunklen, glattrandigen Spießfleck in heller Umrandung auf dem Hinterkörper gekennzeichnet sind. Das Männchen dieser Art ist aber durch seine blasenförmig angeschwollenen Tibien der Vorderbeine sofort von allen übrigen *Alopecosa*-Arten zu unterscheiden. Beim Weibchen ist die Hinterleibszeichnung nicht so kontrastreich ausgebildet wie beim Männchen. Adulte Tiere treten von April bis Juni auf.

Die Spinne bewohnt offene Stellen mittlerer Feuchtigkeit, besonders Wegränder im Kulturgelände, und kommt fast überall ziemlich häufig vor.

Alopecosa fabrilis, Verden/Aller 7. 4. 88
Alopecosa cuneata, Männchen, (Sinabronn SA) 21. 5. 89

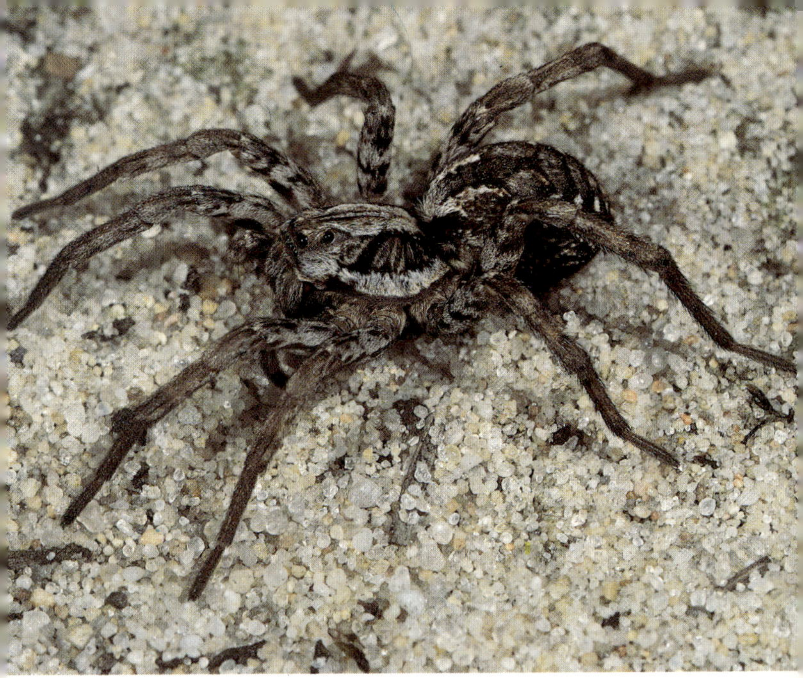

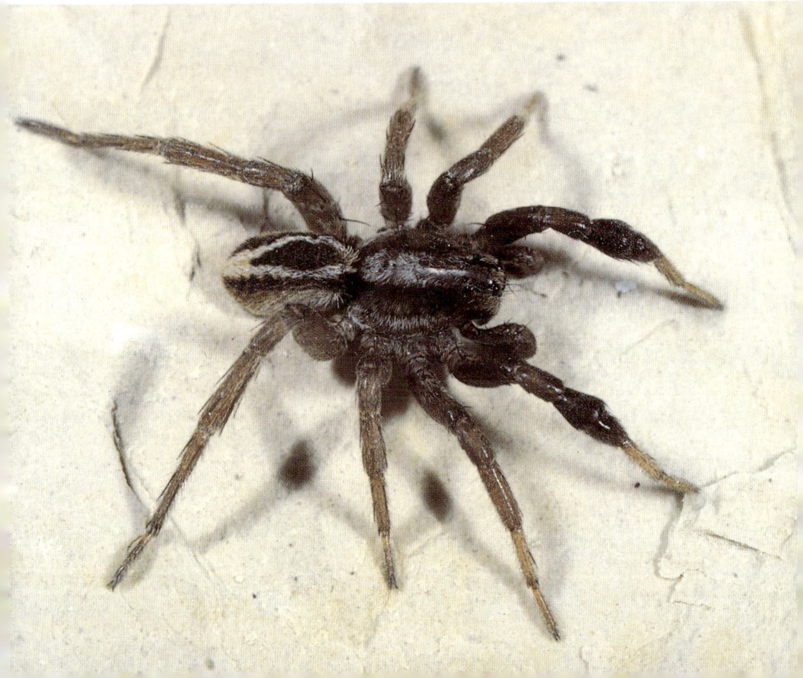

Familie Lycosidae (Wolfspinnen)

Trochosa ruricola

Die vier Arten der Gattung *Trochosa* sind leicht an der typischen Zeichnung des Prosoma zu erkennen. Dieses trägt oben ein helles, in der vorderen Hälfte erweitertes Längsband mit zwei dunklen, parallelen Längsstreifen in der Erweiterung. Die einzelnen Arten sind aber nur sehr schwer voneinander zu unterscheiden, selbst die Epigyne der Weibchen stellt hier kein zuverlässiges Merkmal dar. *Trochosa ruricola* wird bis 12 mm groß, besitzt eine gelbbraune bis graubraune Grundfärbung und trägt auf dem Opisthosoma eine ziemlich deutlich abgesetzte Spießfleck-Zeichnung. Adulte Tiere sind fast ganzjährig anzutreffen.

Die Art bewohnt Stellen mittlerer Feuchtigkeit; man trifft sie regelmäßig auf Wiesen, an Wegrändern und selbst in Gärten. Tagsüber hält sie sich allerdings meist unter Steinen verborgen.

Trochosa terricola, eine ebenfalls häufige Art dieser Gattung, kommt nur an sonnigen, trockenen Stellen vor. Bei ihr ist der Spießfleck weniger deutlich abgesetzt. Die ebenfalls sehr ähnliche *Trochosa spinipalpis* kommt dagegen nur in ausgesprochen feuchtem Gelände vor. Die vierte Art schließlich, *Trochosa robusta*, wird größer (manchmal bis 20 mm), besitzt einen deutlich sichtbaren, hellen Spießfleck mit dunkler Umrandung und Beine, die zum Tarsus allmählich dunkler werden. Sie lebt ausschließlich an sehr warmen, trockenen Orten auf Kalkboden. ENGELHARDT (1964) hat der Gattung *Trochosa* eine ausführliche Studie gewidmet.

Pirata piraticus (Piratenspinne)

Auch die Gattung *Pirata* ist an der typischen Zeichnung des Prosoma leicht kenntlich. Dieses zeigt in der hellen Längsbinde ein dunkles, V-förmiges Zeichnungsmuster. Von den neun heimischen Arten ist *Pirata piraticus* die häufigste. Sie wird 6–8 mm groß. Der Körper ist hellbraun gefärbt, das Opisthosoma mit paarigen, weißen Punkten gezeichnet. Adulte Tiere treten von Mai bis September auf.

Die Piratenspinne lebt oft in großer Zahl am Ufer von Gewässern. Sie läuft auch über den Wasserspiegel und kann gelegentlich tauchen. Die übrigen *Pirata*-Arten ähneln z. T. sehr der Piratenspinne, sind aber seltener. Einige von ihnen sind nicht so stark an Gewässer gebunden, andere findet man vorzugsweise an schattigen Orten.

Trochosa ruricola, (Warmbronn b. Stuttgart) 18. 11. 91
Pirata piraticus, (Oberfahlheim BS) 22. 8. 87

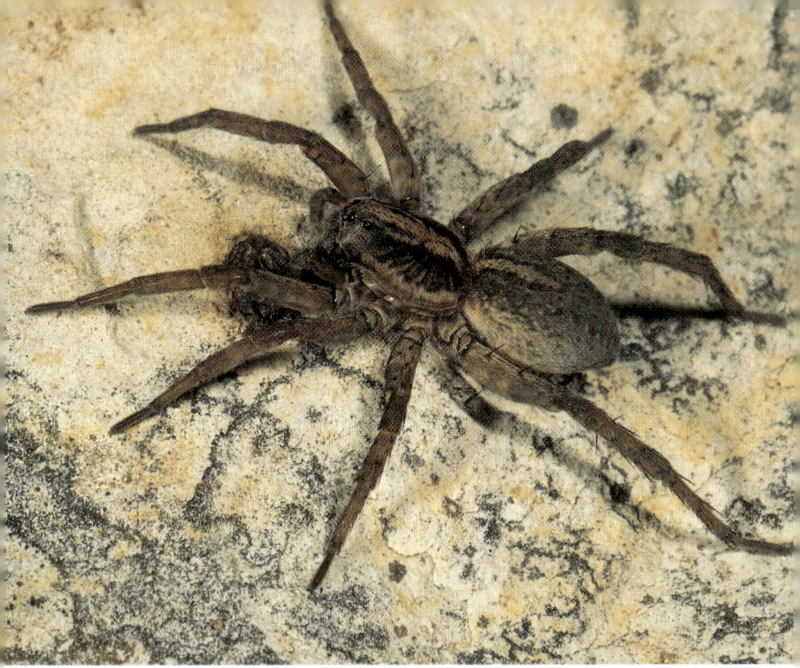

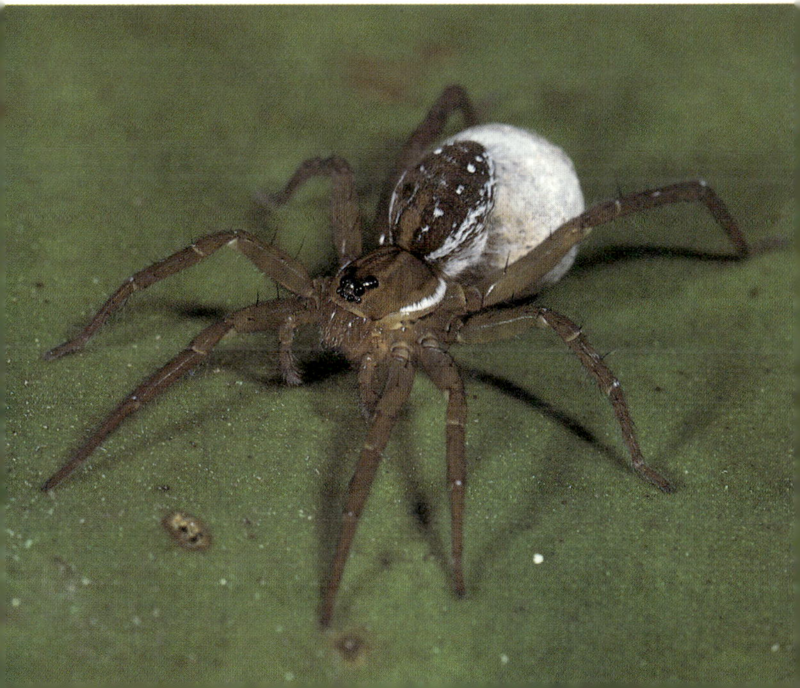

Familie Lycosidae (Wolfspinnen)

3 **Arctosa perita**

Die Arten der Gattung *Arctosa* besitzen ein einfarbig hell behaartes Prosoma, ein sandkornähnlich gesprenkeltes Opisthosoma und stark gescheckte Beine. Durch diese Färbung sind sie auf Sandboden fast unsichtbar. Die neun Arten leben vor allem auf Sanddünen und im Geröll der Flußufer. Sie sind nur nach dem Bau der Genitalien sicher zu unterscheiden.

Arctosa perita, die häufigste Art, wird 9 mm groß. Sie lebt vorzugweise auf Dünen, sowohl an der Meeresküste als auch im Binnenland. Die Spinne überwintert im reifen Zustand in einer Erdröhre, die mit feinem Gespinst ausgekleidet ist. Bei den ersten warmen Sonnenstrahlen im März und April sonnt sie sich in ihrer überdachten Röhrenmündung. Bei jeder leichten Erschütterung verschwindet sie sofort in der Tiefe, so daß man im Vorbeigehen nur die an Tunnelportale erinnernden Löcher sieht. Nach stärkeren Störungen und bei schlechtem Wetter werden die Röhrenmündungen zugesponnen und sind dann nicht mehr sichtbar. Von Mai bis Juli laufen die Weibchen mit ihren Eikokons, später mit Jungspinnen auch frei umher, sind aber wegen ihrer Tarnfärbung kaum zu erkennen.

2 **Arctosa cinerea**

G Diese imposante Spinne gehört mit 12–17 mm Körperlänge zu den größten heimischen Wolfspinnen. Die Grundfärbung ist graubraun, oft etwas ins Rötliche spielend. Der Vorderkörper ist weitgehend ungezeichnet, auf dem Hinterkörper sind neben einer undeutlichen Spießfleckzeichnung paarige, hellere Flecke zu erkennen. Die Beine sind deutlich hell-dunkel geringelt; beim Männchen (Bild) sind sie viel länger als beim Weibchen. Die Art ist ab September erwachsen und überwintert adult; die letzten reifen Weibchen trifft man im Frühsommer.

A. cinerea bewohnt zwei sehr unterschiedliche Lebensräume, zum einen kiesige Ufer der Alpen- und Mittelgebirgsbäche, zum andern Dünen an der Meeresküste. Durch ihre Zeichnung und Färbung ist sie hervorragend an den Untergrund angepaßt. Während sich das Weibchen meist in einer locker ausgesponnenen, etwa fingerdicken Erdhöhle aufhält, und hier auf vorbeikommende Beutetiere lauert, sieht man das Männchen auch frei umherlaufen. Die Spinne ist durch Umweltveränderungen stark zurückgegangen.

Arctosa perita in der Mündung ihrer Wohnröhre, Verden/Aller 4. 4. 85
Arctosa cinerea, (Wallgau/Isar) 1. 5. 88

Familie Lycosidae (Wolfspinnen)

Hygrolycosa rubrofasciata

Diese leicht kenntliche Wolfspinne (sie ist die einzige Art ihrer Gattung) erreicht 5–6 mm Körperlänge. Die Geschlechter unterscheiden sich recht deutlich. Beim Weibchen ist das Prosoma hellbraun mit zwei breiten, dunkelbraunen Längsstreifen und schmalem, schwarzem Rand, und die Coxen, Femora und Patellen der gelbbraunen Beine tragen ein auffallendes, dunkelbraunes Fleckenmuster. Beim Männchen dagegen (s. Bild) ist das Prosoma fast schwarz mit einem schmalen, hellen Längsband in der Mitte, und die ebenfalls schwärzlichen Beine werden etwa ab der Mitte der Tibien gelblich. Beiden Geschlechtern gemeinsam ist ein rotbraunes Opisthosoma mit paarigen, hellen Punktreihen. Adulte Tiere sind vom Herbst bis in den Frühsommer zu finden.

Die Art bewohnt vor allem feuchte Stellen in lichten Wäldern und ist in Norddeutschland häufiger als im Süden. Die Männchen erzeugen im April–Mai deutlich hörbare Trommelgeräusche, indem sie mit dem Hinterleib auf eine Resonanzfläche (z. B. ein trockenes Blatt) schlagen.

Aulonia albimana

Aulonia albimana ist der einzige heimische Vertreter der Unterfamilie Hippasinae, die durch netzbauende Arten ausgezeichnet ist. *A. albimana* wird nur 4 mm groß und ist sehr markant gefärbt. Der Körper ist einfarbig dunkel, fast schwarz, die Beine sind mit Ausnahme des schwarzen 1. Femur hell. Das auffälligste Erkennungsmerkmal aber ist die weiße Patella des ansonsten schwarzen Pedipalpus. Die Spinne lebt verborgen an warmen, meist trockenen Stellen. Erst 1968 wurde entdeckt, daß sie nicht frei umherschweifend ihre Beute fängt, sondern Trichternetze nach Art der Ageleniden herstellt (JOB 1968). Der gleiche Autor widmet dieser Spinne eine ausführliche ethologische Studie (JOB 1974). Die Netze bestehen aus einer horizontalen Gespinstdecke, von deren Mitte aus eine Gespinströhre nach unten führt. Sie sind sehr zart und kaum sichtbar.

Hygrolycosa rubrofasciata, Ellingen LH 1. 1. 92
Aulonia albimana, (Sinabronn SA) 17. 12. 89

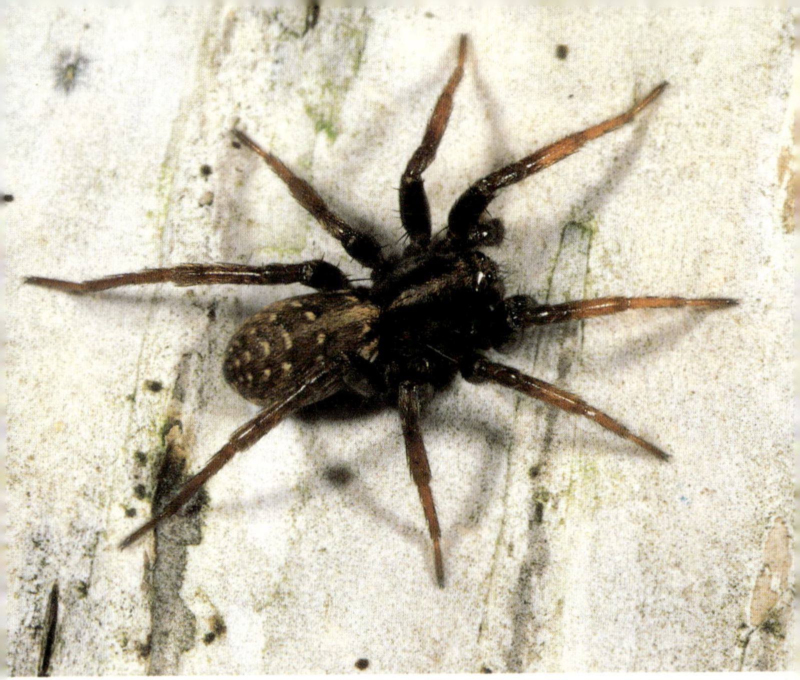

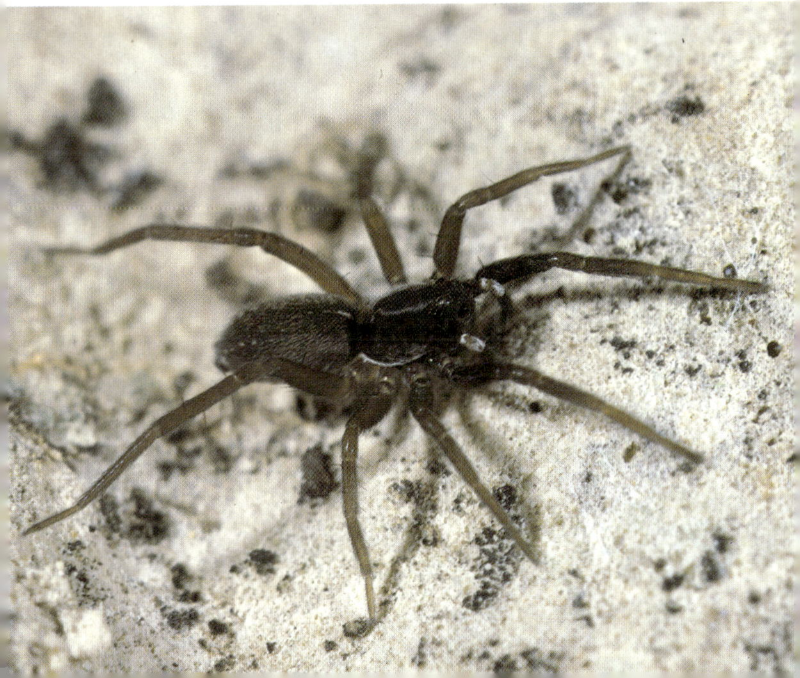

Familie Oxyopidae (Luchsspinnen)

Die Oxyopiden erinnern in Habitus und Lebensweise sehr an die Lycosiden. Sie besitzen eine recht markante Augenstellung: ganz vorn zwei sehr kleine Augen, dahinter in einem Sechseck die übrigen sechs, relativ großen Augen (S-15). Man könnte auch von vier hintereinander liegenden Augenreihen sprechen. Ein weiteres Merkmal ist die starke Bewehrung der Beine mit langen, spitzen Stacheln (S-16). Diese Familie umfaßt vor allem tropische, oft recht bunte Spinnen. Bei uns kommt nur eine Art vor. In Südeuropa gibt es zwei weitere Arten, *Oxyopes heterophthalmus* und *O. lineatus*, die unserer Art ziemlich ähneln.

Oxyopes ramosus

Oxyopes ramosus, die einzige heimische Luchsspinne, erreicht 6–10 mm Körperlänge. Das Prosoma erscheint von vorn auffallend hoch und nach oben zugespitzt. Das schlanke Opisthosoma läuft nach hinten spitz zu. Die Grundfärbung ist rotbraun bis schwarzbraun mit einer recht bunten, weißen Streifenzeichnung. Zum Teil ist der Körper mit Schuppenhaaren bedeckt. Die Beine erscheinen durch die familientypische Bedornung recht stachelig.

O. ramosus bewohnt sonniges, trockenes Gelände und zeigt eine gewisse Vorliebe für Sandböden. Die Art kommt daher besonders in Heidegebieten vor. Die Spinnen halten sich im Heidekraut oder am Boden auf und erjagen dort ihre Beute nach Art der Wolfspinnen. Sie überwintern im letzten juvenilen Stadium und sind dann im Mai adult. Der Paarung geht eine Balz des Männchens voraus. Dieses tanzt vor dem Weibchen mit vibrierendem Hinterkörper und erhobenen Vorderbeinen und nähert sich dabei immer weiter der Auserwählten. Schließlich besteigt es sein Weibchen von vorn, beugt sich seitlich an dessen Hinterleib herunter und führt einen Taster in die Epigyne ein.

Das Weibchen spinnt im Juni einen flachen, gelblichweißen Eikokon auf Heidekraut oder anderen Pflanzen. Nach der Eiablage bleibt es auf seinem Kokon sitzen. Die Jungspinnen schlüpfen im Juni oder Juli.

Oxyopes ramosus auf seinem Eikokon, Roth FR 8. 8. 76

Familie Gnaphosidae (= Drassodidae) (Plattbauchspinnen)

Die Gnaphosiden ähneln im Habitus wie in der Lebensweise den Clubioniden. Ein Unterschied besteht in Bau und Haltung der Spinnwarzen. Diese sind bei den Plattbauchspinnen zylindrisch und in der Ruhelage fingerförmig abgespreizt (S-31). Die Arten dieser Familie sind schwer zu bestimmen, da die meisten von ihnen einheitlich graubraun bis schwarz gefärbt sind – ohne jede Zeichnung auf dem Hinterkörper. Sie leben tagsüber meist in Gespinstsäcken unter Steinen und jagen nachts. Bei uns kommen etwa 60 Arten vor.

Drassodes lapidosus

Diese Spinne könnte man leicht mit einer Sackspinne der Gattung *Clubiona* verwechseln, doch ist sie durch ihre zylindrischen, auseinanderweichenden Spinnwarzen leicht als Plattbauchspinne zu erkennen. Die Färbung ist fast einheitlich graubraun. Von den sieben heimischen Arten ist *D. lapidosus* die häufigste und größte (bis 18 mm). Sie lebt an sonnigen Orten unter Steinen und hält sich tagsüber in dünnen Gespinstsäcken auf. Auch Paarung, Häutung und Eiablage finden in solchen Gespinsten statt. Reife Tiere findet man das ganze Jahr über. Ansonsten ist über die Lebensweise dieser Spinne wenig bekannt.

Zelotes sp.

Zelotes ist mit 19 Arten die artenreichste Drassodidengattung. Die meisten Arten sind einfarbig schwarz; die Körpergröße kann etwa zwischen 3 und 8 mm schwanken. Eine Artbestimmung ist sehr schwierig. Man begegnet *Zelotes* häufiger als anderen Drassodiden, da die Vertreter dieser Gattung auch tagsüber öfters aktiv sind. Sie laufen ruckartig und sehr schnell über den Boden und bleiben plötzlich mit angelegten Beinen sitzen. Dann werden sie auf dunklem Erdboden fast unsichtbar. Sehr häufig findet man diese Spinnen auch frei unter Steinen; sie scheinen also nicht die für diese Familie typischen Ruhegespinste zu weben. Die Weibchen stellen ganz flache, fast scheibenförmige Eikokons her, die weiß oder lebhaft rosa gefärbt sind.

Drassodes lapidosus, (Arnegg SA) 11. 2. 90
Zelotes sp. mit Eikokon, (Ringingen SA) 31. 7. 77

Familie Gnaphosidae (Plattbauchspinnen)

Callilepis schuszteri

Diese als Weibchen 6–7, als Männchen 4–5 mm lange Plattbauch-spinne unterscheidet sich durch ihre auffallende Färbung recht deutlich von den meisten übrigen Arten dieser Familie. Der in der Grundfärbung schwarze Körper trägt beim Männchen (Bild) leuchtend golden, beim Weibchen silbern glänzende Muster. Diese bestehen auf dem Hinterkörper aus einem breiten Querband und dahinter zwei Fleckenpaaren, während der Vorderkörper oberseits fast vollständig metallisch glänzt. Die an der Basis schwarzen Beine werden zu den Spitzen hin hellbraun; bei den hinteren Beinen ist die Hellfärbung ausgedehnter als bei den vorderen. Adulte Tiere treten von Mai bis Juni, vereinzelt auch noch im August, auf. Eine zweite, sehr ähnliche Art, *Callilepis nocturna*, läßt sich nur genital-morphologisch sicher von dieser Art unterscheiden.

C. schuszteri lebt an warmen, felsigen Hängen. Ihre Verbreitung ist bisher unzureichend bekannt, da sie bisher meist mit der anderen Art verwechselt wurde. Sie scheint sich wie diese fast ausschließlich von Ameisen zu ernähren, die in ganz ähnlicher Weise überfallen werden, wie dies beim Ameisenjäger beschrieben wurde (S. 60). Der Giftbiß erfolgt bei *Callilepis* aber in den Ameisenfühler.

Micaria fulgens

Die artenreiche Gattung *Micaria* (15 Arten in Mitteleuropa) wurde bisher meist zu den Sackspinnen gerechnet, gilt aber inzwischen nach dem Bau der Genitalorgane als Plattbauchspinne. Die sehr flinken, tagaktiven Tiere sind vorwiegend dunkel gefärbt, aber an verschiedenen Körperpartien mit metallisch glänzenden Schuppenhaaren bekleidet. Solche rotgolden glänzenden Schuppen bedecken bei der 5–6 mm großen *Micaria fulgens* den vorderen Teil des Prosoma und die Vorderseite der Cheliceren. Auf dem Opisthosoma bilden silbern glänzende Haare mehrere undeutlich begrenzte Querbinden. Adulte Tiere findet man von Mai bis Juli.

Die Spinne bewohnt warme, trockene Orte, vor allem steinige Trockenrasen und sonnige Waldränder und ist im südlichen Mitteleuropa nicht selten. Den Winter verbringt sie im subadulten Zustand besonders gern in leeren Schneckenhäusern.

Callilepis schuszteri, (Obereichstätt FrA) 15. 5. 89
Micaria fulgens, (Lonsee SA) 1. 3. 89

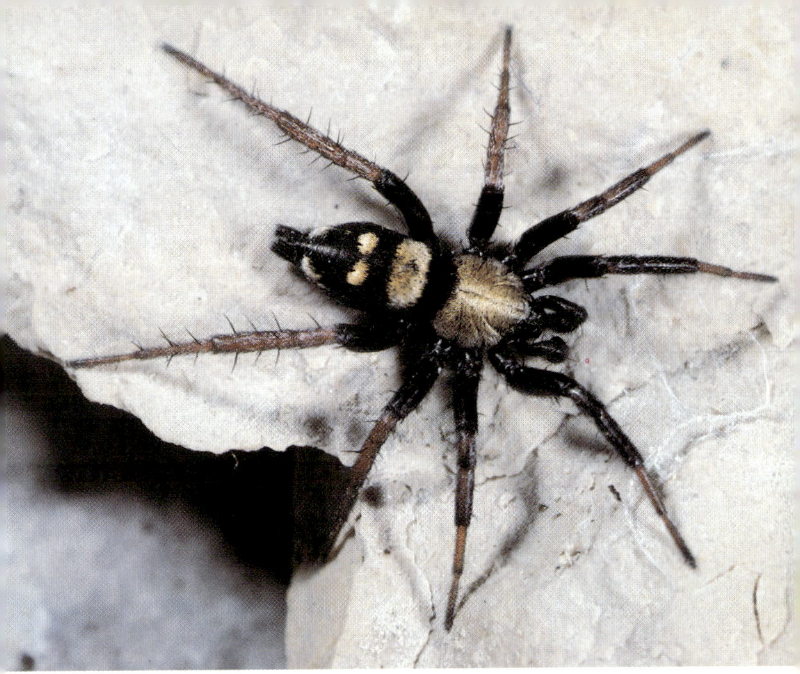

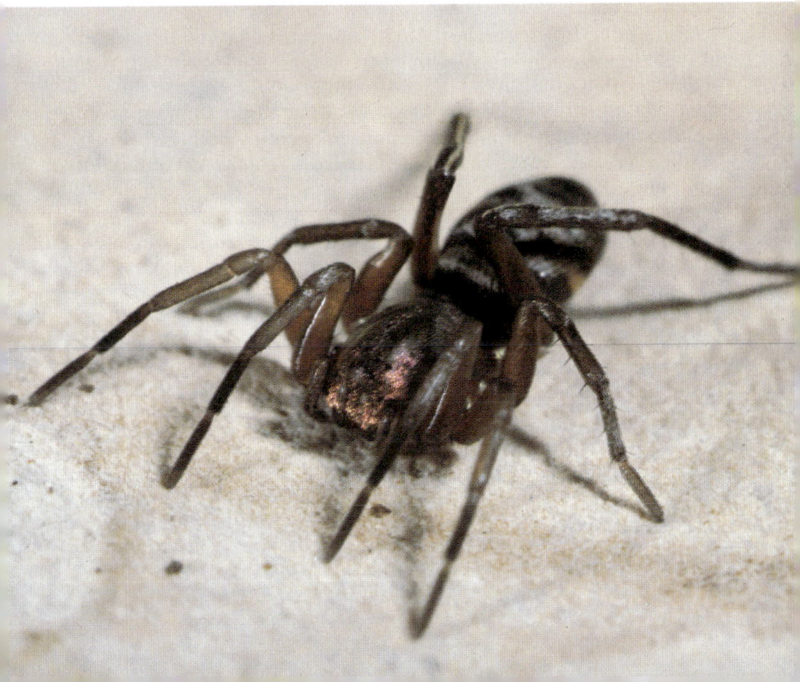

Familie Clubionidae (Sackspinnen)

Die meisten Sackspinnen sind nachtaktiv. Sie halten sich tagsüber in allseits geschlossenen, sackförmigen Gespinsten auf. Das Aussehen ist uneinheitlich; viele Arten sind zeichnungsfrei grau oder braun gefärbt, andere mit Winkelflecken u. ä. Zeichnungselementen auf dem Hinterkörper ausgestattet. Gemeinsames Merkmal aller Arten sind die Spinnwarzen, die konisch verjüngt sind und sich in Ruhelage zur Kegelform zusammenneigen (S-32). Aufgrund ihrer nächtlichen Lebensweise begegnet man den Sackspinnen nur selten; man kann sie aber leicht durch ihre markanten Wohngespinste in der Vegetation, unter Baumrinde oder Steinen finden. Bei uns kommen ca. 35 Arten vor.

Clubiona stagnatilis

Diese Sackspinne, eine der häufigsten Arten unserer Fauna, ist vor allem durch ihr sehr charakteristisches Wohngespinst leicht zu erkennen. Sie stellt es in einem Grasblatt (meist Schilf oder Rohrglanzgras) her, das sie durch nur zweimaliges Umknicken in eine allseits geschlossene, stabile Kammer umwandelt – eine geradezu geniale Lösung. (Aber auch *Clubiona reclusa*, eine sehr häufige, ähnliche Sackspinne, baut manchmal derartige Wohnungen.) Die Spinne selbst ist nur genitalmorphologisch sicher von anderen Arten der Gattung zu trennen. In ihrer Färbung – gelbbrauner, vorn verdunkelter Vorderkörper, einfarbig grau behaarter Hinterleib – ähnelt sie sehr den meisten übrigen Arten.

Clubiona stagnatilis lebt auf feuchten Wiesen, die mit Schilf durchsetzt sind. Hier findet man vor allem im Frühsommer die oben beschriebenen Gespinste. Ab Juni stellen die Weibchen in ihren Schlupfwinkeln kugelige Eikokons her. Nach dem Ausschlüpfen im Juli verbleiben die Jungspinnen noch längere Zeit – wohl bis zur nächsten Häutung – im Gespinst der Mutterspinne. Sie bauen schließlich eigene Wohnungen, überwintern dann halberwachsen und häuten sich im Mai des folgenden Jahres zum letzten Male.

Außer *C. stagnatilis* kommen in Mitteleuropa über 20 weitere, zum Teil häufige Arten der Gattung *Clubiona* vor. Eine Artbestimmung ist nur mit dem Mikroskop nach Genitalpräparaten möglich. Sie ist aber auch dann noch schwierig und ohne Vergleichsmaterial kaum durchführbar.

Schlupfwinkel von *Clubiona stagnatilis*, Arnegg SA 11. 7. 83
Clubiona stagnatilis mit Jungen im geöffneten
Schlupfwinkel Arnegg SA 11. 7. 83

Familie Clubionidae (Sackspinnen)

Cheiracanthium punctorium (Dornfinger)

Der Dornfinger erreicht bis 15 mm Körperlänge. Sein Prosoma ist rotbraun, der übrige Körper gelblich bis grünlich gefärbt. Die Beine sind zu den Tarsen hin verdunkelt. Beim Männchen, das etwas schlanker und kleiner als das Weibchen ist, fallen die langen, deutlich divergierenden Grundglieder der Cheliceren mit ihren überkreuzenden Giftklauen auf.

Der Dornfinger ist die einzige Giftspinne Mitteleuropas, die auch dem Menschen gefährlich werden kan. Sein Biß kann unangenehme Folgen, wie starke Schmerzen, Schüttelfrost und Lähmungserscheinungen, nach sich ziehen. Diese klingen erst nach einigen Tagen, spätestens jedoch nach ca. zwei Wochen ab. Besonders aggressiv auf jede Störung reagieren Weibchen mit Eikokons oder Jungen.

Die Spinne lebt in warmem, offenem Gelände mit hohem Gras. Tagsüber hält sie sich in einem rundum geschlossenen Gespinstsack von Taubeneigröße in versponnenen Gräsern auf. Nördlich der Alpen ist das Vorkommen von *C. punctorium* weitgehend auf wärmere Gebiete wie etwa das Rheintal beschränkt.

Im Hochsommer sind Männchen und Weibchen erwachsen und leben dann eine Zeitlang gemeinsam in einem besonders großen Gespinst. Nach der Paarung, im August oder September, baut das Weibchen in seinem Gespinstsack einen Eikokon, den es erbittert gegen Störenfriede verteidigt. Die geschlüpften Jungspinnen bleiben noch einige Tage im Schlupfwinkel der Mutter. Zu dieser Zeit ist es nicht ganz ungefährlich, der Spinnenmutter zu nahe zu treten. Neben *C. punctorium* gibt es bei uns etwa 10 weitere Arten dieser Gattung, die aber alle kleiner und meist auch seltener sind als der Dornfinger.

Ch. punctorium mit Eikokon im geöffneten Schlupfwinkel,
Schelingen KS 10. 9. 77

Familie Clubionidae (Sackspinnen)

Cheiracanthium erratium (= Ch. dumetorum)

Dieser kleinere Verwandte des Dornfingers erreicht höchsten 9 mm Körperlänge. Seine Färbung ist ähnlich wie bei diesem, nur läuft über den Hinterleibsrücken ein schmales, meist deutlich karminrotes Längsband. Die im Frühjahr und Sommer reife Spinne ist ziemlich häufig auf mäßig feuchten Wiesen und in Heidegebieten anzutreffen.

Familie Liocranidae

Die knapp 20 mitteleuropäischen Arten dieser Familie wurden bisher mit zu den Sackspinnen gerechnet. Bei ihnen ist aber die Unterlippe höchstens so lang wie breit, bei den Clubioniden dagegen deutlich länger als breit.

Agroeca brunnea (Feenlämpchenspinne)

Agroeca brunnea wird bis 9 mm groß und ist gelbbraun gefärbt. Das Prosoma ist mit zwei dunklen Längsbinden, das Opisthosoma mit unregelmäßig verteilten, dunklen Flecken, z.T. Winkelflecken, gezeichnet. Sie lebt vor allem an Waldrändern und in offenem Gelände. Die Entwicklung ist zweijährig; reife Tiere sind das ganze Jahr hindurch anzutreffen.

Die Spinne ist bei uns allgemein verbreitet, man findet sie aber nur selten, da sie im Verborgenen lebt. Sehr viel öfter begegnet man ihren Eikokons, die im Volksmund als »Feenlämpchen« bezeichnet werden. Sie sehen aus wie gestielte, weiße Glocken und sind an Pflanzenstengeln befestigt. Im Innern enthalten sie zwei Kammern. Die obere Kammer enthält etwa 40 bis 50 Eier, die untere dient den Jungspinnen als Aufenthaltsort bis zur nächsten Häutung.

A. brunnea tarnt ihren auffallenden Eikokon unmittelbar nach der Fertigstellung mit einer Erdschicht; man findet aber immer wieder auch ungetarnte Kokons. Häufig sind die Eier von Schlupfwespen parasitiert.

Familie Anyphaenidae (Zartspinnen)

Das kennzeichnende Merkmal der Zartspinnen ist das unpaare Tracheenstigma, das hier in der Mitte des Opisthosoma (bauchseits) mündet (S-25), während es bei fast allen anderen Spinnen unmittelbar vor der Spinnwarzenregion liegt. Manche Autoren rechnen die einzige heimische Art auch zur Familie der Sackspinnen.

Anyphaena accentuata

Anyphaena accentuata erreicht 6–9 mm Größe. Auf der Oberseite des Opisthosoma befinden sich in der Mitte vier schwarze, dreieckige Flecken, die ein sehr markantes Muster bilden. Die Färbung der Spinne kann ansonsten zwischen graugelb und dunkelbraun bis fast schwarz variieren. *A. accentuata* ist überall häufig und lebt auf Blättern von Bäumen und Sträuchern. Sie webt ein nach zwei Seiten offenes Gespinstdach und ist von Mai bis Juni adult. Im Winter findet man sie sehr häufig unter Baumrinde.

Familie Zoridae

Die vier heimischen Arten der Gattung *Zora* wurden bisher meist zu den Sackspinnen gestellt, von einigen Autoren auch zur ansonsten rein tropischen Familie der Kammspinnen (Ctenidae). Inzwischen gelten sie als eigene Familie Zoridae, die sich von den Sackspinnen vor allem durch die deutlich abweichende Augenstellung (S-20) unterscheidet.

Zora spinimana

Zora spinimana wird etwa 6 mm groß. Das helle, gelbliche Prosoma ist mit zwei dunklen Längsbinden gezeichnet. Die dunklen Binden sind schmaler als der helle Seitenrand des Vorderkörpers. Das ebenfalls helle Opisthosoma ist mit kleinen, dunklen Flecken versehen, die andeutungsweise in Längslinien angeordnet sind. Die Augenstellung erinnert an Lycosiden; die vorderen vier Augen sind in einer Querreihe, die hinteren in Trapezform gruppiert (S-20). Die vorderen sind aber nicht deutlich kleiner als die hinteren Augen; das Trapez ist wesentlich breiter als lang.

    Z. spinimana ist die häufigste Art der Gattung. Sie lebt in Wäldern und Mooren am Boden. Im Sommer weben die Weibchen flache, weiße Eikokons, die sie bewachen (s. Abb.).

Anyphaena accentuata, (Sotzenhausen SA) 24. 9. 83
Zora spinimana mit Eikokon, (Federseegebiet OS) 15. 7. 83

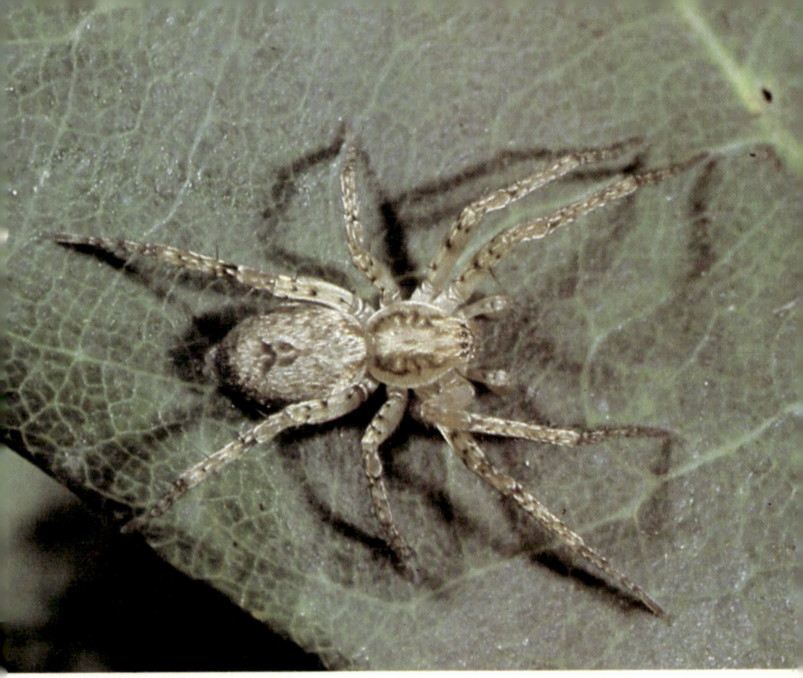

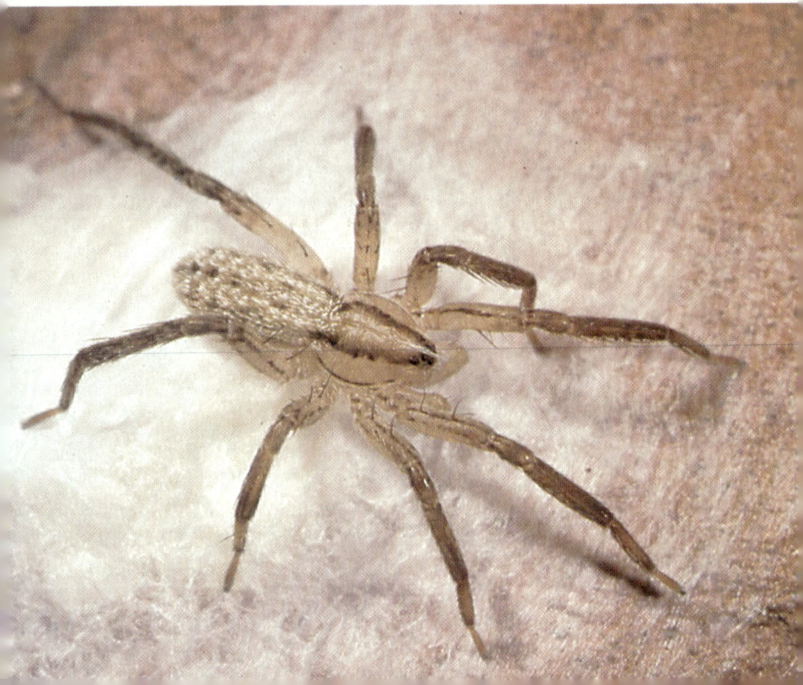

Familie Heteropodidae (Riesenkrabbenspinnen)

Die Heteropodiden sind hauptsächlich in den Tropen verbreitet. Manche Arten werden immer wieder als »Bananenspinnen« mit Südfrüchten eingeschleppt. Dabei handelt es sich meist um sehr große, flachgedrückte Spinnen, die durch ihre seitwärts gestellten Beine sehr an Krabbenspinnen oder Laufspinnen erinnern. Bei der einzigen heimischen Art sind die Beine nicht deutlich seitwärts ausgerichtet. Sie erinnert im Habitus mehr an Sackspinnen, ist aber so markant gefärbt, daß Verwechslungen kaum möglich sind.

Micromata rosea (= M. viridissima, M. virescens)
(Grüne Huschspinne)

Die Grüne Huschspinne ist eine der auffälligsten und schönsten Spinnen unserer Heimat. Das Weibchen wird 13 mm groß. Sein Prosoma und die Beine sind grasgrün gefärbt, die Augen mit einem Saum weißer Haare umgeben. Das Opisthosoma zeigt auf gelbgrünem Grund einen grünen Lanzettfleck. Beim 10 mm großen Männchen besitzt der gelbe Hinterkörper einen mittleren, karminroten Längsstreifen und gleichgefärbte Seitenränder. Jungspinnen sind gelbbraun gefärbt und oft mit zahlreichen rosa Punkten gezeichnet.

Durch ihre Färbung ist die Grüne Huschspinne in der Vegetation schwer zu entdecken; sie ist aber häufiger, als man allgemein annimmt. Ihr Lebensraum sind lichte Laubwälder und Waldsäume, vor allem die Ränder sonniger Waldwege. Die Reifezeit erstreckt sich von Ende Mai bis Juli. Nach der Paarung webt das Weibchen einige Blätter, oft Himbeerblätter, zu einer geräumigen Wohnung zusammen, in der es seinen Eikokon bewacht. Zu dieser Zeit verhält sich die sehr flinke Spinne äußerst aggressiv und beißt bei jeder Störung sofort zu; ihr Biß besitzt jedoch keine nennenswerte Giftwirkung.

Micromata rosea, Weibchen, (Fetzachmoos OS) 29. 6. 80
Micromata rosea, Männchen, Ringingen SA 26. 5. 77

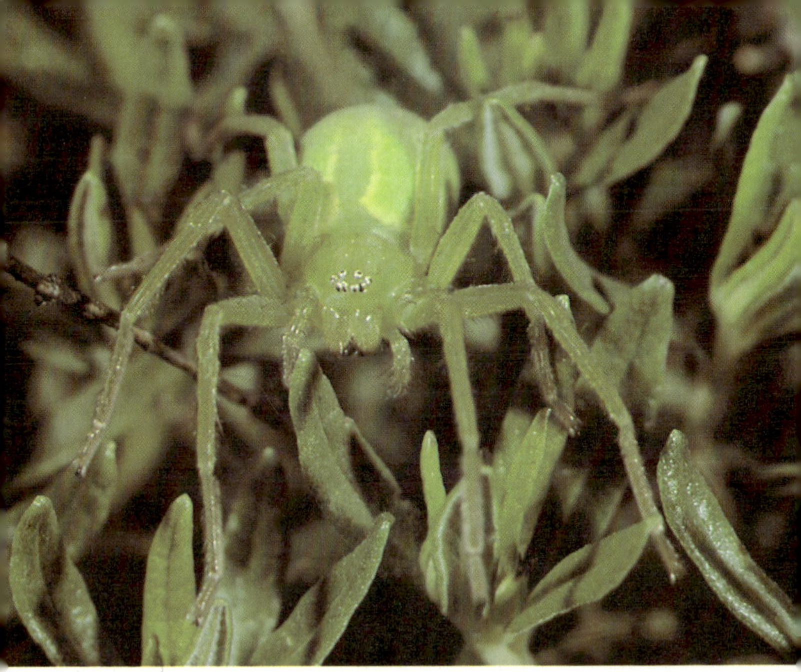
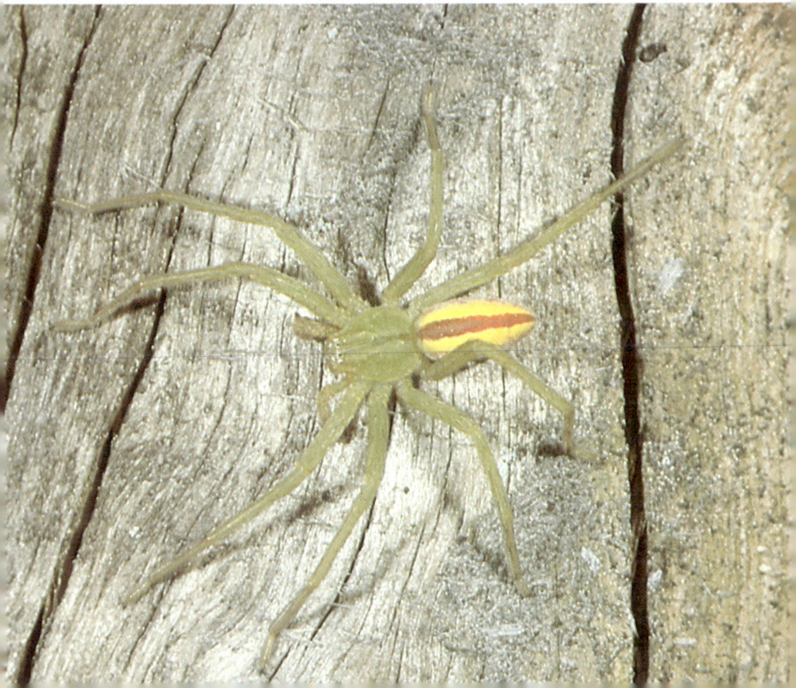

Familie Thomisidae (Krabbenspinnen)

Zu den leicht ansprechbaren Spinnenfamilien gehören die Krabbenspinnen. Ihre Beine sind flach seitlich ausgebreitet, wobei die eigentliche Vorderseite nach oben gedreht ist. Die beiden Vorderbeinpaare sind deutlich länger und kräftiger als die hinteren. Lediglich mit den Laufspinnen (Philodromidae), die von manchen Autoren mit den Thomisiden verinigt werden, haben sie einige Ähnlichkeit. Die Krabbenspinnen sind tagaktive Ansitzjäger; sie lauern oft auf Blüten. Bei uns kommen etwa 40 Arten vor.

Thomisus onustus

Thomisus onustus erreicht als Weibchen 7–10, als Männchen 3–5 mm Körperlänge. Die Färbung ist meist leuchtend gelb, vor allem in Südeuropa auch rosa oder weiß. Das Hinterende des Opisthosoma ist beiderseits winklig erweitert. Auch die Stirn ist an den Seiten kantig ausgezogen. Durch diese Merkmale ist *T. onustus* leicht von der ähnlichen *Misumena vatia* (s. folgende Seite) zu unterscheiden.

    T. onustus ist eine südliche Spinne, die bei uns nur in Wärmegebieten, wie der Oberrheinischen Tiefebene, auf Trockenrasen vorkommt. Sie sitzt meist auf Blüten und ist farblich oft hervorragend dem Untergrund angepaßt. Sie kann wie *Misumena* ihre Färbung verändern; der Mechanismus wurde aber offenbar bisher noch nicht untersucht. Die Spinne erbeutet manchmal recht große und wehrhafte Beutetiere, wie Schmetterlinge und Honigbienen, die sie durch einen gezielten Biß in den Nacken schnell tötet, ohne daß sie ihren Giftstachel einsetzen können. Auf dem Foto hat sie eine bienenähnliche Schwebfliege *(Eristalis)* erbeutet. Ab Mai kann man adulte Exemplare finden.

Thomisus onustus mit erbeuteter Schwebfliege,
Schelingen KS 7. 6. 76

Familie Thomisidae (Krabbenspinnen)

Misumena vatia (= M. calycina)
(Veränderliche Krabbenspinne)

Misumena vatia zeigt einen sehr deutlichen Sexualdimorphismus. Die Männchen erreichen nur etwa 4, die Weibchen bis 10 mm Körperlänge. Während die Männchen weiß bis grünlich gefärbt sind und eine ausgedehnte, dunkelbraune Zeichnung am Körper und den Beinen zeigen, kann die Färbung der Weibchen zwischen leuchtend gelb, gelbgrün und weiß schwanken; als Zeichnung sind gelegentlich zwei rote Längsstreifen an den Seiten des Hinterkörpers entwickelt.

Wie Untersuchungen gezeigt haben, kann die Spinne ihre Körperfarbe dem jeweiligen Untergrund anpassen (WEIGEL 1941). Zum Farbwechsel sind aber nur die adulten Weibchen befähigt. Die Gelbfärbung entsteht durch Einlagerung eines flüssigen, gelben Farbstoffs in die Epidermiszellen, die Weißfärbung durch Verlagerung dieses Pigments ins Körperinnere. Die Epidermiszellen sind dann durchsichtig, so daß das in oberflächliche Drüsen eingelagerte, weiße Guanin (ein Stoffwechsel-Endprodukt) sichtbar wird. Bei längerem Aufenthalt auf weißen Blüten wird der gelbe Farbstoff teilweise mit dem Kot ausgeschieden. Die Steuerung des Farbwechsels geschieht über den Gesichtssinn, wie sich durch schwarzes Lackieren der Augen nachweisen ließ.

M. vatia kommt im südlichen und mittleren Deutschland recht häufig vor. Sie lebt z. B. auf Trockenrasen und an sonnigen Waldrändern. Meist findet man sie auf Blüten, doch ist sie durch ihre angepaßte Färbung häufig fast unsichtbar. Oft findet man sie nur deshalb, weil ein Beutetier, das sie aussaugt, leblos von der Blüte herabhängt. Blütenbesuchende Schwebfliegen, Honigbienen und Schmetterlinge sind ihre Hauptbeute. Die Spinne ist von Mai bis Juli ausgewachsen.

Misumena vatia, gelb, Schelingen KS 16. 5. 76
Misumena vatia, weiß, Dransfeld SN 6. 73

Familie Thomisidae (Krabbenspinnen)

Diaea dorsata

Diaea dorsata ist leicht zu erkennen. Während Prosoma und Beine hellgrün gefärbt sind, zeigt das Opisthosoma auf weißgelbem Grund eine braune, schildförmige Zeichnung. Die Augen sind weiß umrandet. Die Spinne wird bis 7 mm lang und ist bei uns überall häufig. Sie lebt vorzugsweise in der Strauchschicht, besonders an Waldrändern auf und unter Blättern von Eichen. *D. dorsata* überwintert im letzten Jugendstadium; man findet sie dann – oft mit *Anyphaena accentuata* vergesellschaftet – regelmäßig unter der Rinde abgestorbener Bäume. Sie ist ab Mai adult.

Im Verhalten der Art zeigen sich einige Besonderheiten (BRAUN 1958), die für Krabbenspinnen einmalig sind. Die Männchen fechten z. B. untereinander »Kommentkämpfe« aus, indem sie sich mit weit ausgebreiteten Vorderbeinen wenige Millimeter entfernt gegenüberstehen und manchmal stundenlang, immer wieder vor- und zurückweichend, umhertänzeln. Zur Paarung seilt sich das Weibchen an einem Faden ab und wird dann, am Faden hängend, vom Männchen bestiegen. Auch beim Beutefang scheinen Spinnfäden auf Blättern eine gewisse, wenn auch untergeordnete Rolle zu spielen.

Misumenops tricuspidatus

Diese Krabbenspinne ähnelt in der Färbung der *Diaea dorsata*. Sie besitzt aber einen kürzeren, nach hinten erweiterten Hinterleib, der oben längliche, braunrote Flecke trägt. Von diesen liegt einer vorn in der Mitte, die beiden anderen sind schräg nach hinten gerichtet. Die wärmebedürftige Art ist in Mitteleuropa ziemlich selten; man findet sie hier vor allem im Rheintal. Sie lebt vorzugsweise auf Sträuchern, gern in Gewässernähe.

Heriaeus mellotei

Diese vorwiegend grün gefärbte, stark behaarte Krabbenspinne erreicht bis 9 mm Körperlänge. Vorder- und Hinterkörper sind mit weißlichen Streifen gezeichnet, letzterer außerdem mit kleinen, roten Flecken. Die ebenfalls wärmebedürftige Spinne kommt bei uns wie *Misumenops tricuspidatus* vorwiegend im Rheintal vor. Sie besiedelt aber trockene Stellen, vor allem sonnige Gebüschränder der wärmsten Lagen.

Diaea dorsata, (Rotenburg LH) 28. 11. 89
Misumenops tricuspidatus, (Illmitz/Burgenland) 21. 5. 89
Heriaeus mellotei, (Istein/Baden) 24. 5. 88

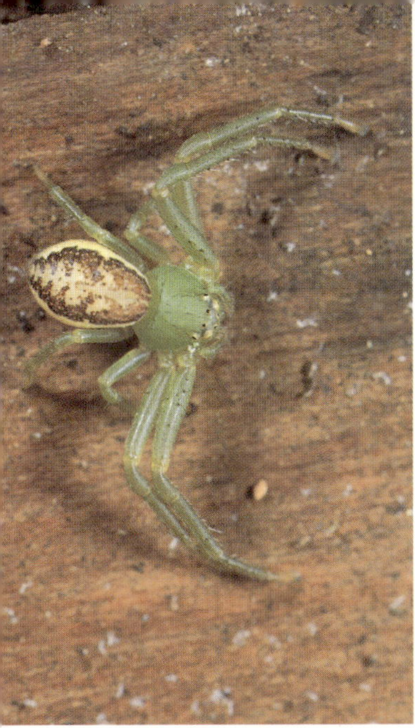
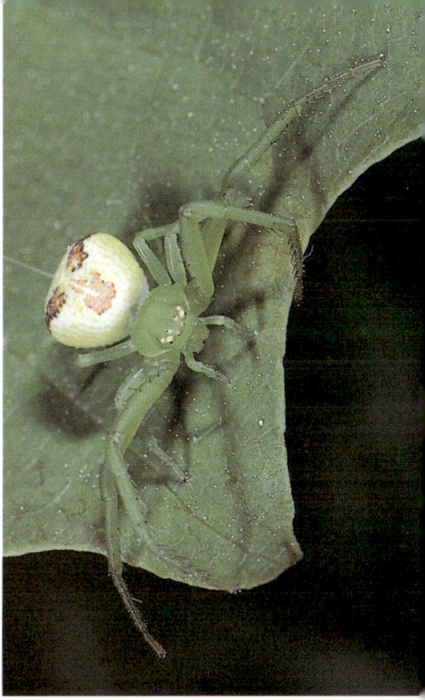
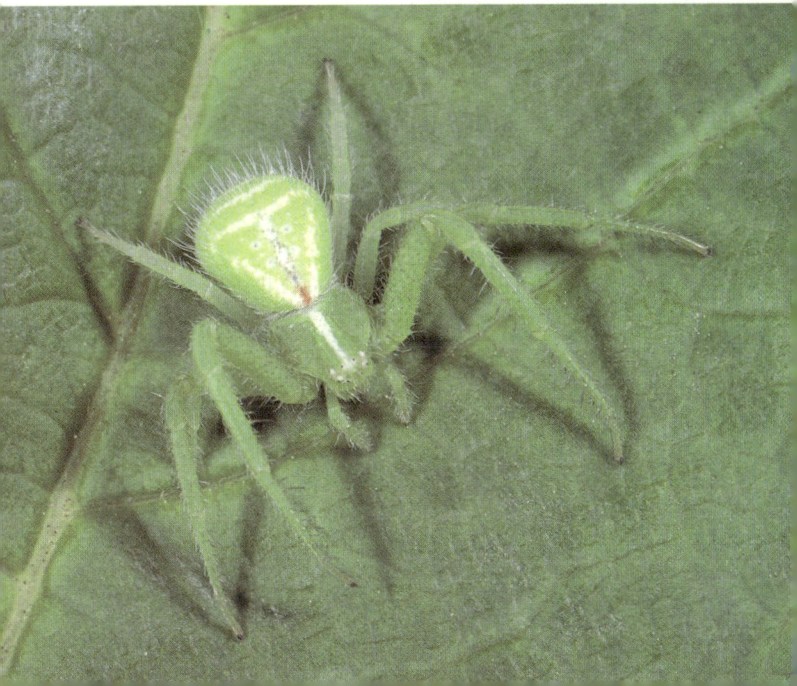

Familie Thomisidae (Krabbenspinnen)

Ozyptila scabricula

Zu der mit etwa 10 Arten in Mitteleuropa vertretenen Gattung gehören die kleinsten heimischen Krabbenspinnen. So erreicht diese Art gerade 2–3 mm Körperlänge. Die Färbung ist vorwiegend dunkelbraun. Über die ganze Körperoberfläche verteilt finden sich zahlreiche keulenförmige Borsten. Da die Spinne ihren Körper fast immer mit einer dichten Lehmschicht überzieht, ist von ihrer eigentlichen Färbung allerdings kaum etwas zu erkennen; sie erscheint vielmehr wie ein kleiner Erdklumpen und ist auf diese Weise hervorragend getarnt. Adulte Tiere erscheinen im Frühjahr und Frühsommer.

Die Art bewohnt warme, vegetationsarme Trockengebiete mit offenen Bodenstellen. Sie gilt als ziemlich selten, wurde aber sicher vielerorts aufgrund ihrer guten Tarnung nur übersehen. Wie die übrigen, teilweise sehr ähnlichen Arten dieser Gattung lebt sie am Erdboden, ganz im Gegensatz zu den auf Pflanzen lebenden übrigen Vertretern der Krabbenspinnen.

Xysticus cristatus

Die Gattung *Xysticus* ist bei uns durch etwa 20, zumeist schwer bestimmbare Arten vertreten. Die Größe kann zwischen 3 und 10 mm schwanken. Die meisten Arten sind braun gefärbt und auf dem Opisthosoma mit hellen Querbinden sowie einem hell umrandeten Keilfleck gezeichnet. Zu dieser Gattung gehören einige unserer häufigsten Krabbenspinnen. Sie leben in der Kraut- und Strauchschicht. Da sie sich, wie fast alle Krabbenspinnen, bei der Jagd optisch orientieren, überrascht es etwas, daß die abgebildete Spinne eine Raupe des Zitronenfalters, also ein hervorragend an den Untergrund angepaßtes Beutetier, gefangen hat. Vermutlich hatte sich die Raupe bewegt, als sie zufällig von der Spinne berührt wurde.

Ein recht amüsantes Schauspiel ist die Paarung dieser Krabbenspinne. Das Männchen fesselt nämlich sein Weibchen durch mehrere, allerdings mehr symbolische Spinnfäden an die Unterlage, zumeist ein Blatt. Dann kriecht es unter das Weibchen und vollzieht die Paarung. Später läuft dieses davon, ohne durch die Fäden sonderlich behindert zu werden. Nach der Paarung webt es im Juli oder August einen flachen Eikokon, meist auf Gräsern, und bewacht ihn.

Ozyptila scabricula, (Oberbergen KS) 17. 7. 89
Xysticus cristatus mit erbeuteter Raupe des Zitronenfalters,
Ringingen SA 6. 6. 78

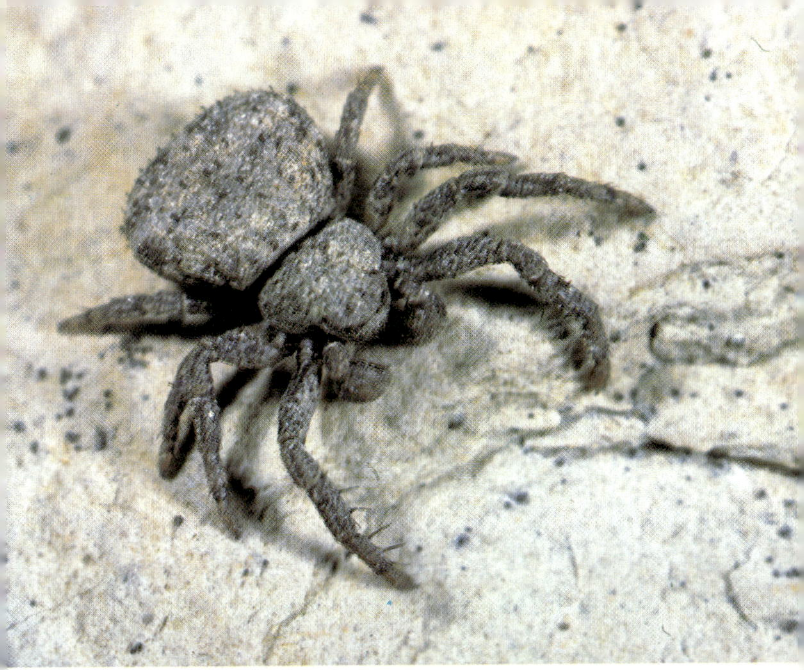

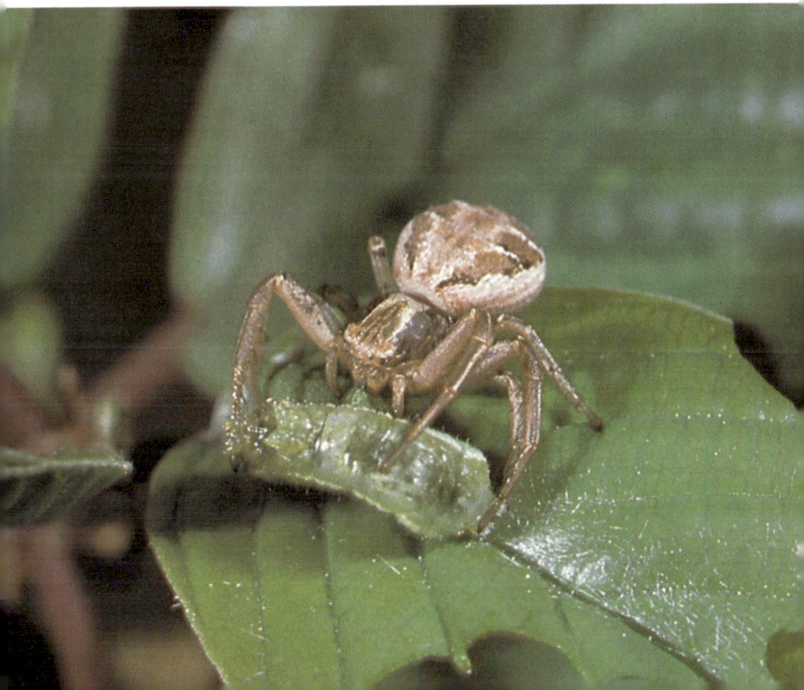

Familie Philodromidae (Laufspinnen)

Die Philodromiden besitzen seitwärts gestellte Laufbeine wie die Krabbenspinnen. Zwischen den vorderen und den hinteren Beinpaaren gibt es aber keinen deutlichen Unterschied in der Länge und Stärke. Die Laufspinnen jagen ihre Beute frei umherlaufend, etwa wie die Wolfsspinnen. Bei uns kommen ca. 25 Arten aus drei Gattungen vor.

Philodromus aureolus (Flachstrecker)

Diese etwa 5 mm lange Laufspinne ist der bei weitem häufigste Vertreter dieser Familie. Die Färbung des Weibchens ist vorwiegend rotbraun oder dunkelbraun. Das Prosoma trägt in der Mitte ein breites, helles Längsband. Das Opisthosoma ist in unterschiedlicher Weise gezeichnet; meist ist im vorderen Teil ein dunkler, unscharf begrenzter Spießfleck in einer helleren Umgebung zu erkennen, dahinter liegen angedeutete, dunkle Winkelflecke. Das viel langbeinigere Männchen besitzt eine wesentlich dunklere, fast schwarze Grundfärbung und ist mit einem individuell stark variierenden Metallschiller überzogen, der oft die Grundfärbung vollständig verdrängt. Die Beine sind bei beiden Geschlechtern weitgehend zeichnungsfrei hellbraun gefärbt. Adulte Tiere treten im Frühjahr und Frühsommer auf. Neuerdings wird diese formenreiche Art in mehrere Kleinarten unterteilt, die auch nach Genitalmerkmalen nur sehr schwer zu unterscheiden sind.

Ph. aureolus lebt vor allem in Wäldern, ist aber z. B. auch in Gärten regelmäßig anzutreffen. Die Art ist bei uns fast überall sehr häufig. Die Tiere lauern mit flach ausgebreiteten Beinen auf Zweigen und Baumrinde, auch auf Blättern, und ergreifen blitzschnell vorbeilaufende Beutetiere. Im Sommer sieht man die Weibchen auf ihren flachen, weißlichen Eikokons sitzen, die sie an Baumrinde oder auf Blättern festspinnen. Die Jungspinnen wachsen schnell heran und sind bereits vor der Überwinterung subadult. Zum Winter verkriechen sie sich vorzugsweise unter loser Rinde von Zaunpfählen und abgestorbenen Bäumen. Hier findet man sie oft in größerer Zahl beieinander, nicht selten in Gesellschaft mit ebenfalls subadulten Exemplaren der Krabbenspinne *Diaea dorsata*.

Philodromus aureolus, Männchen, (Lonsee SA) 23. 6. 91
Philodromus aureolus, Weibchen, Lonsee SA 5. 8. 91

Familie Philodromidae (Laufspinnen)

Philodromus margaritatus

Dieser Flachstrecker erreicht zwar nur eine geringfügig größere Körperlänge als *Ph. aureolus,* erscheint aber durch seine auffallend langen Beine deutlich größer. Er tritt in zwei sehr unterschiedlichen Farbvarianten auf, die nebeneinander vorkommen. In der weitaus häufigeren Variante erscheint das Tier graubraun mit sehr verschwommenen, dunkleren Zeichnungen. Die meist deutlich seltenere Form *laevipes* besitzt dagegen eine sehr schön silbrigweiße Grundfärbung mit kontrastreich abgesetzten, schwarzen Flecken (siehe Bild). Auf flechtenbewachsenen Zweigen wird diese Variante fast unsichtbar. Adulte Tiere erscheinen von April bis Juli.

Diese etwas seltenere *Philodromus*-Art bewohnt ebenfalls Wälder, vorzugsweise Kiefernwälder, wo man sie im Winter unter Baumrinde finden kann. Insgesamt gibt es in Mitteleuropa fast 20 verschiedene *Philodromus*-Arten, die meist sehr schwer voneinander zu unterscheiden sind.

Tibellus maritimus

Die beiden *Tibellus*-Arten erinnern in der Ruhehaltung etwas an die Streckerspinnen der Gattung *Tetragnatha.* Ihr Opisthosoma ist sehr langgestreckt und auf gelbbraunem Grund mit einem dunklen Längsstreifen gezeichnet. Die Körperlänge beträgt etwa 10 mm. Während *Tibellus oblongus* nur ein Paar dunkler Punkte im hinteren Teil des Hinterkörpers besitzt, ist der abgebildete *T. maritimus* durch zwei Längsreihen solcher Punkte ausgezeichnet. Beide Arten leben vor allem in sandigem, sonnigem Gelände. Die Weibchen spinnen im Sommer einen flachen, weißen Eikokon auf Gräsern oder Heidekraut und bewachen ihn.

Thanatus sp.

Die fünf heimischen Thanatus-Arten besitzen als kennzeichnendes Merkmal vorn auf dem Opisthosoma einen dunklen, scharf abgesetzten Lanzettfleck. Die Färbung ist blaßgelb bis hellgrau. Die einzelnen Arten sind schwer zu bestimmen. Sie leben vorzugsweise auf sonnigem Ödland und feuchten Wiesen. Die Reifezeit liegt im Frühsommer.

Philodromus margaritatus, (Rotenburg LH) 7. 1. 78
Tibellus maritimus mit Eikokon, Rotenburg LH 7. 75
Thanatus sp., Baustetten OS 9. 76

Familie Salticidae (Springspinnen)

Die Springspinnen sind durch ihre stark vergrößerten, mittleren Frontalaugen unverkennbar. Seitlich davon liegen zwei etwas kleinere, dahinter ein Paar sehr kleine und schließlich in einer dritten Reihe wieder ein Paar größere Augen (S-17). Die Springspinnenaugen sind die leistungsfähigsten aller Spinnenaugen, besonders das vordere mittlere Paar. Dieses besitzt eine große Brennweite, ist also gewissermaßen ein Teleobjektiv mit entsprechend engem Blickwinkel. Diesen letzten Nachteil vermag die Spinne durch eine seitliche Beweglichkeit der Netzhaut auszugleichen. Sie besitzt damit die gleichen Möglichkeiten, als könnte sie diese Augen bewegen. Neben den Augen sind der untersetzte, kräftige Körper und das wohlentwickelte Sprungvermögen weitere Springspinnenmerkmale. Sie erjagen ihre optisch wahrgenommene Beute durch Anschleichen und Zuspringen. Bei uns kommen etwa 70 Arten vor, von denen nur wenige vorgestellt werden können.

Salticus scenicus (Zebraspringspinne)

Die Zebraspringspinne wird 5–7 mm groß und besitzt eine auffallende, weiße Querstreifung auf schwarzem Grund. Auf dem Hinterkörper sind diese Querstreifen in der Mitte unterbrochen. Die Männchen besitzen sehr lange, schräg gestellte Cheliceren (siehe unteres Bild). *Salticus scenicus* ist die weitaus häufigste Art aus ihrer Gattung (3 Arten). Sie lebt besonders häufig an und in menschlichen Gebäuden und kann das ganze Jahr hindurch gefunden werden.

Der Beutefang läßt sich leicht beobachten, wenn man die Spinne und ein Beutetier (eine Fliege oder Mücke) unter einer Glasglocke zusammenbringt. Sobald die Spinne eine Bewegung der Beute durch ihre kleineren, seitlichen Augen wahrgenommen hat, dreht sie ihren Körper so weit herum, bis diese in den Sehbereich ihrer großen Stirnaugen gerät und jetzt scharf abgebildet wird. Dann pirscht sie sich an das Beutetier heran, bleibt etwa 1–2 cm davor zusammengekauert stehen und springt von dort blitzschnell auf das Opfer.

Salticus scenicus mit erbeuteter Stechmücke, (Rotenburg LH) 1. 76
Salticus scenicus, Männchen, (Lonsee SA) 27. 5. 89

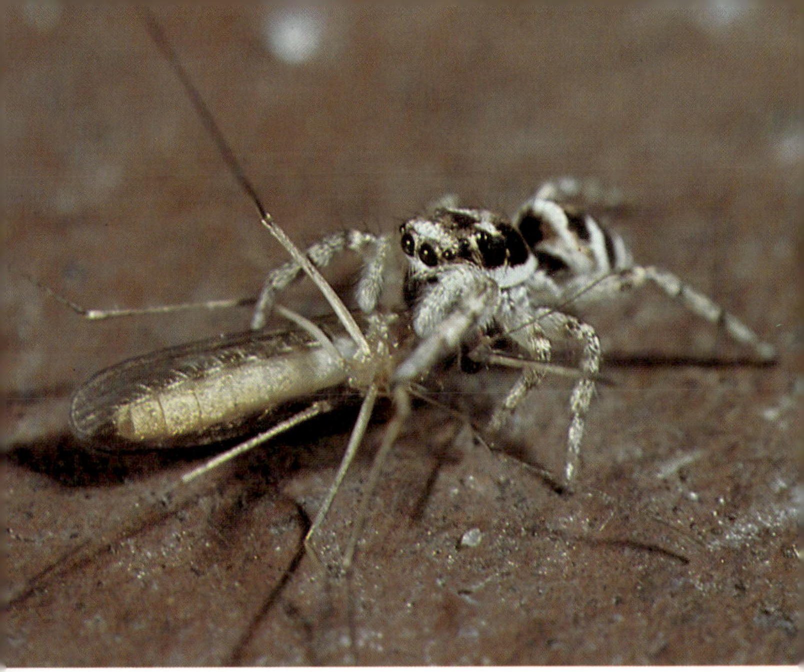

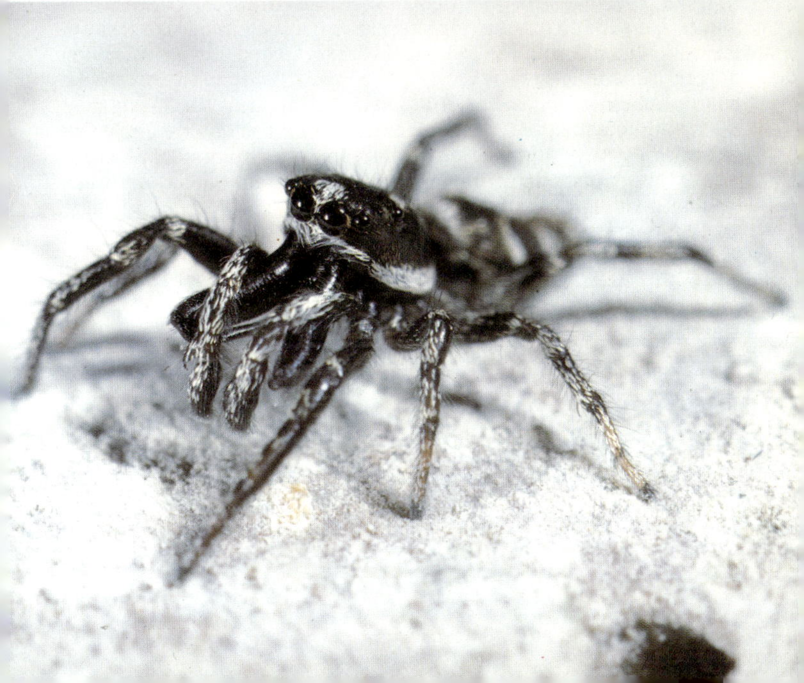

Familie Salticidae (Springspinnen)

Phlegra fasciata

Diese unverkennbare Springspinne erreicht als Weibchen 7, als Männchen 6 mm Körperlänge. Über das Prosoma laufen drei breite, schwarze Längsbinden; zwischen ihnen und an den Seiten des Vorderkörpers liegen schmale, weißliche Binden. Das in der Grundfärbung ebenfalls weißliche Opisthosoma ist oberseits mit zwei schwarzen Längsbinden gezeichnet, die nach hinten allmählich schmäler werden. Beim deutlich dunkleren Männchen sind die hellen Zeichnungen meist viel schwächer entwickelt, vielfach erscheint es fast ganz schwarz. Adulte Tiere treten im Frühjahr und im Sommer auf.

Die Art lebt vorzugsweise auf vegetationsarmen Sandböden und ist in geeigneten Gebieten, z. B. in Sandgruben und am Rand trockener Sandwege, meist nicht selten. Gelegentlich trifft man sie auch auf vegetationsarmen Kalktrockenrasen. Trotz ihrer markanten Färbung ist die Spinne aber nicht ganz leicht zu entdecken, da sie sich fast stets am Erdboden aufhält und bei Störungen im Pflanzengewirr versteckt.

Aelurillus v-insignitus (= Phlegra v-insignita)

Das ca. 5 mm große Männchen von *Aelurillus v-insignitus* ist durch die auffällige, V-förmige Zeichnung auf der Stirn unverkennbar. Das Opisthosoma zeigt auf schwarzem Grund einen weißlichen Längsstreifen. Das etwas größere Weibchen dagegen ist unauffällig grau und schwarz gescheckt und schwer von anderen Springspinnen zu unterscheiden. *Ae. v-insignitus* ist im Frühjahr reif und lebt an warmen, vegetationsfreien Stellen. Die Art ist vor allem in Süd- und Mitteldeutschland auf Geröllhalden verbreitet, fehlt aber auch in den norddeutschen Sandgebieten nicht.

Phlegra fasciata, (Ingstetten BS) 20. 5. 90
Aelurillus v-insignitus, (Witzenhausen NH) 5. 71

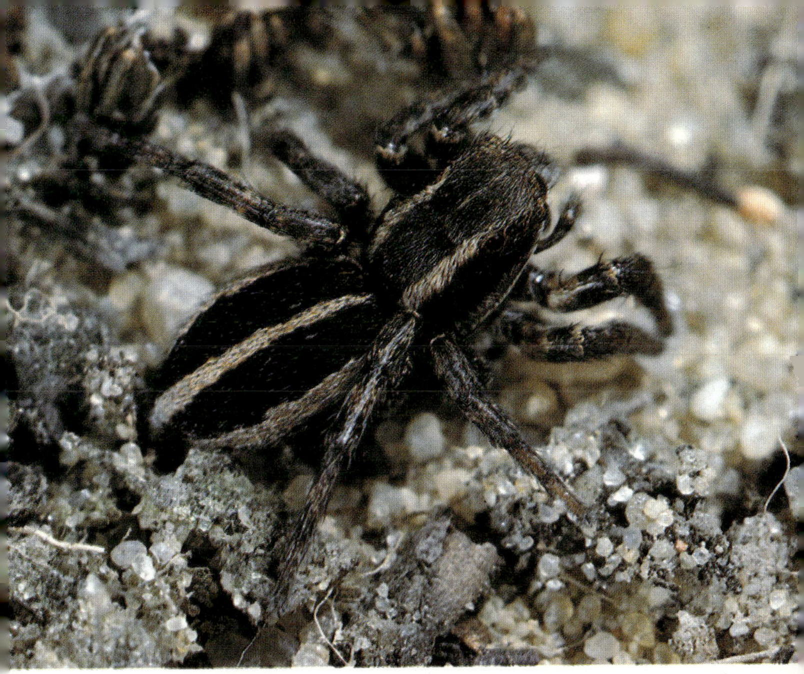

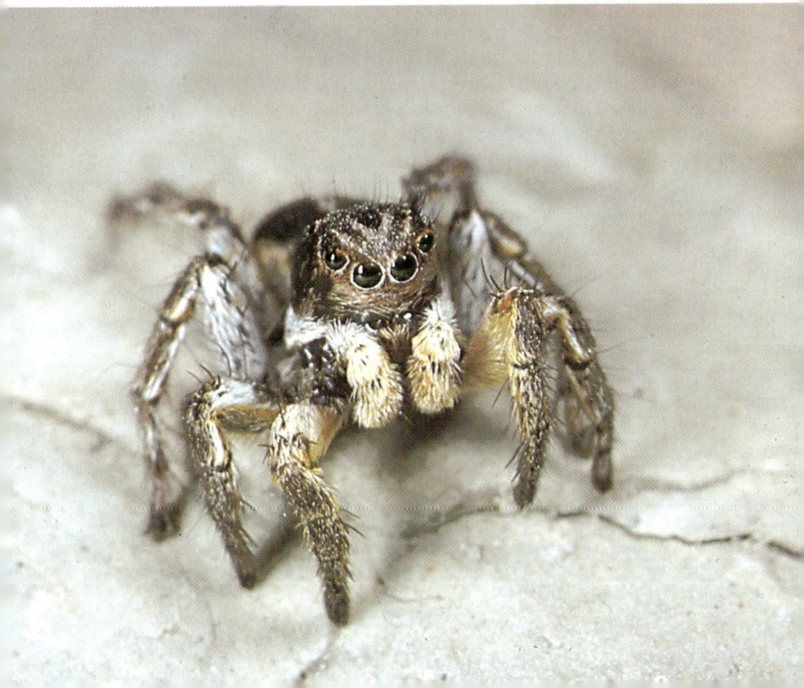

Familie Salticidae (Springspinnen)

Evarcha falcata (= E. flammata)

Diese Springspinne erreicht als Weibchen 7, als Männchen 5 mm Körperlänge. Das ansprechend gefärbte Männchen trägt auf dem schwarzen Vorderkörper im Augenfeld eine dichte, rotbraune bis gelbbraune Behaarung und an den Seiten breite, weißgelbe Haarstreifen. Der oben braune, zu den Rändern hin dunkler gefärbte Hinterleib ist ebenfalls weiß gerandet. Das Weibchen ist dagegen fast einheitlich rotbraun bis graubraun gefärbt. Reife Tiere treten zwischen Mai und August auf.

Diese Art gehört zu den häufigsten einheimischen Springspinnen; man trifft sie regelmäßig an Waldrändern und Waldwegen. Hier halten sich die Tiere vor allem im Gras und auf niedrigen Pflanzen auf und sind z. B. mit dem Kescher leicht zu finden. Bei der Paarung trägt das Weibchen sein Männchen stundenlang auf dem Rücken; dabei zeigt der Kopf des Männchens nach hinten. Trotz dieser Last kann das Weibchen dennoch weite Sprünge durchführen.

Evarcha arcuata (= E. marcgravii)

Evarcha arcuata zeigt, wie viele Springspinnen, einen sehr ausgeprägten Sexualdimorphismus. Das bis 6 mm große Männchen besitzt einen tiefschwarzen Körper mit dunkelbrauner bis schwarzer Behaarung. Nur einzelne Haarfransen an den Beinen sowie markante Querbinden auf der Stirn und unter den Frontalaugen bestehen aus weißen Haaren. Das 7 mm große Weibchen dagegen ist am ganzen Körper braun und weiß behaart; an den Seiten des Hinterkörpers liegen je drei schwarze, schräggestellte Flecken, in der Mitte ein schmaler Lanzettfleck.

Evarcha arcuata ist bei uns nicht selten und im Sommer adult. Ihr Lebensraum sind feuchte bis mäßig trockene Wiesen. Das Weibchen spinnt in einem welken Blatt einen Gespinstsack, in dem es seinen Eikokon ablegt und bewacht.

Evarcha falcata, (Ulm SA) 1. 7. 89
Evarcha arcuata, (Baustetten OS) 8. 76

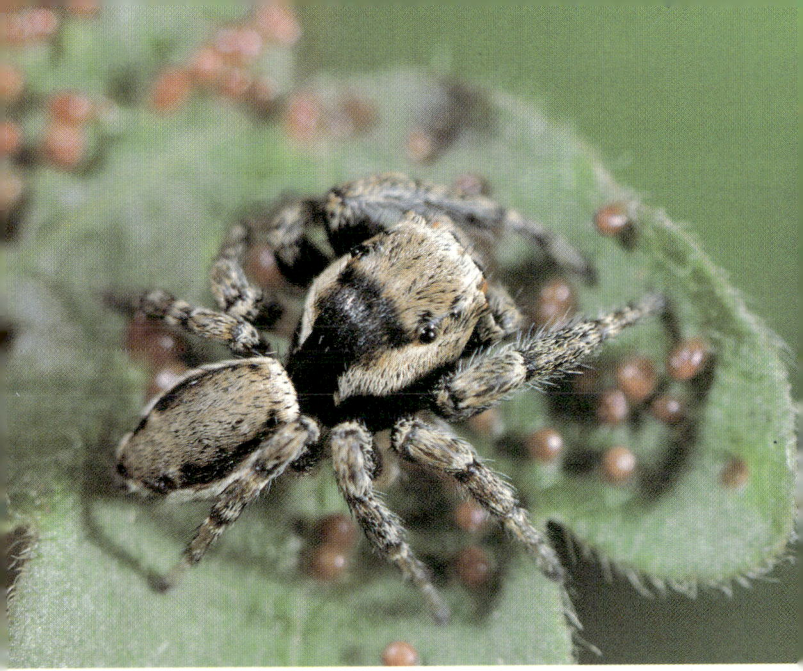
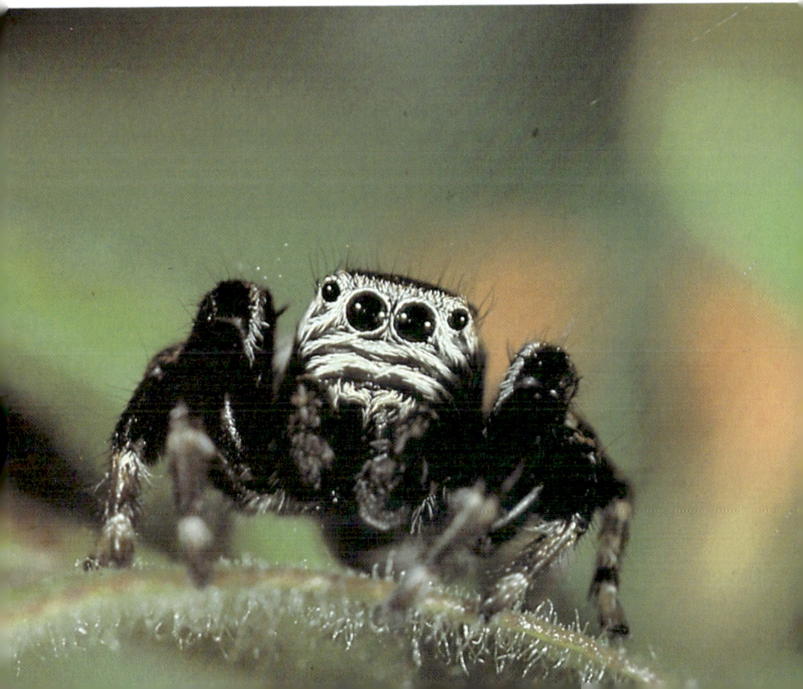

Familie Salticidae (Springspinnen)

Marpissa muscosa

Diese kräftige, etwas abgeflachte Springspinne gehört mit einer Körperlänge von bis zu 11 mm zu den größten Arten ihrer Familie. Die Färbung ist überwiegend graubraun bis rotbraun; auf dem Hinterleibsrücken bilden paarige, helle und dunkle Flecken ein kennzeichnendes Zopfmuster. Die Stirn des Weibchens (s. Bild) ist unter den Frontalaugen leuchtend gelb, zwischen den Augen schwarz behaart. Beim etwas kleineren Männchen dagegen liegen die Frontalaugen in einer hellen Haarbinde, und darunter findet sich eine dunkelbraune Behaarung. Außerdem unterscheidet es sich vom Weibchen durch seine breit löffelförmigen Pedipalpen. Adulte Tiere sind vom Herbst bis in den Sommer zu finden; die Entwicklung ist offenbar zweijährig, denn im Winter findet man neben ausgewachsenen stets auch halbwüchsige Exemplare.

M. muscosa ist bei uns weit verbreitet und gebietsweise auch ziemlich häufig. Man findet sie vor allem an hölzernen Zaunpfählen, an mit Holz verkleideten Hausfassaden und an Baumstämmen. In Spalten und unter loser Baumrinde stellt sie etwa 2 cm lange, eiförmige, flache Gespinste her, in denen sie sich bei ungünstiger Witterung aufhält. Hier findet auch die Eiablage und die Überwinterung statt. An besonders günstigen Stellen, z. B. in gespaltenen, alten Weidepfählen, werden diese Gespinste in großer Zahl, manchmal zu Hunderten dicht beieinander, angelegt.

❸ Marpissa radiata

Die nahe Verwandte von M. muscosa bleibt mit 7–8 mm Körperlänge etwas kleiner als diese. Ihre Grundfärbung ist hellbraun bis grau, oft leicht ins Grünliche spielend. Der Hinterleib trägt oben zwei schmale, rote Längsstreifen, dazwischen eine feine, gelbe Linie und helle Winkelflecke. Diese Zeichnung ist aber oft nicht so deutlich entwickelt wie bei dem abgebildeten Tier und kann auch weitgehend fehlen.

Die mehr östlich verbreitete Art ist stark an Feuchtgebiete gebunden und bei uns ziemlich selten. Man findet sie vor allem an Ufern stehender Gewässer, wo die Weibchen ihr Wohngespinst gern in zusammengezogenen, vorjährigen Schilfrispen herstellen.

Marpissa muscosa, Rotenburg LH 1. 11. 91
Marpissa radiata, (Lamsfeld BR) 9. 4. 91

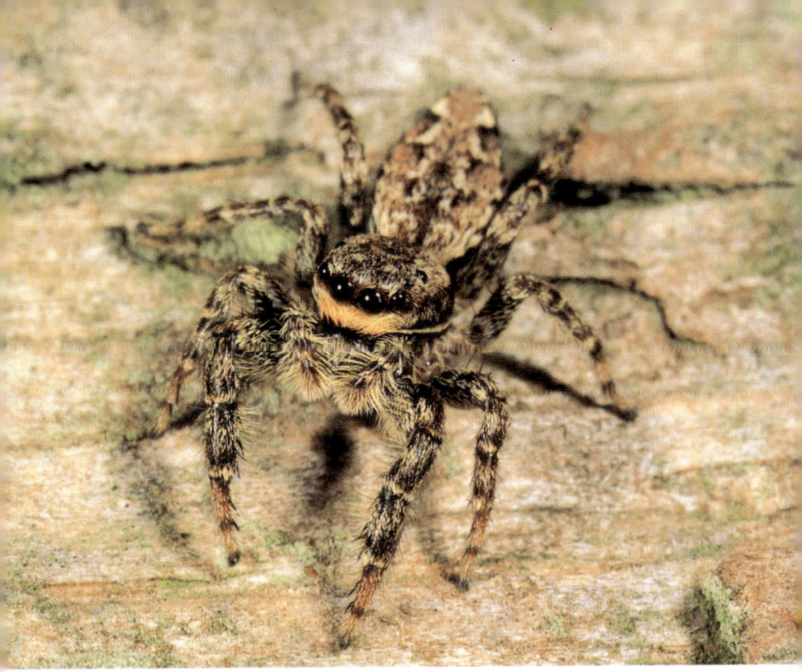

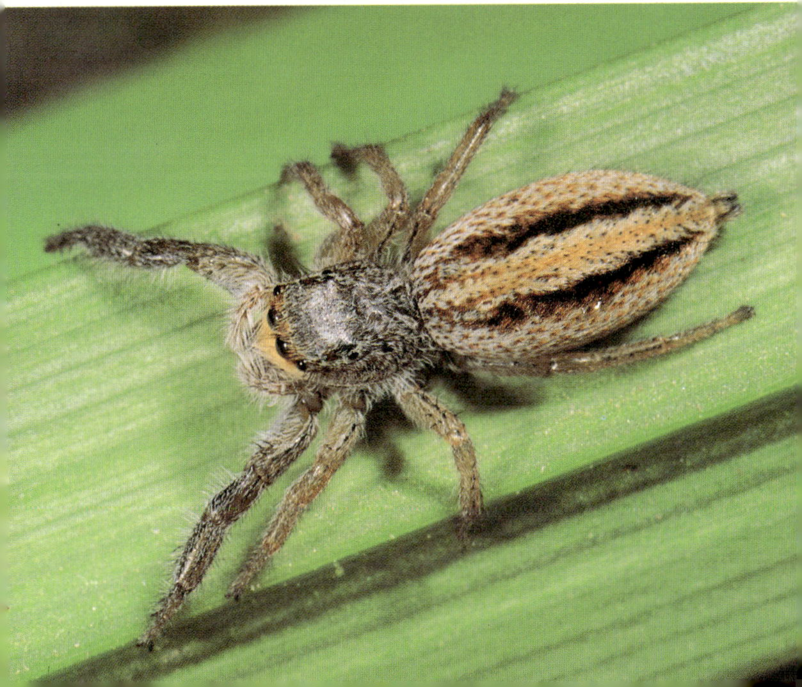

Familie Salticidae (Springspinnen)

Pseudicius encarpatus

Die Art erinnert mit ihrem etwas abgeflachten Körper an *Marpissa muscosa*, besonders das Weibchen; sie bleibt aber mit einer Körperlänge von 4–6 mm deutlich kleiner. Die Geschlechter unterscheiden sich deutlich. Das Weibchen (Bild) besitzt eine dunkelbraune Grundfärbung mit hellen Seitenstreifen und einer verschwommenen, mit dunkleren Winkelflecken gezeichneten, hellen Mittelbinde auf dem Opisthosoma. Das Männchen dagegen trägt auf dem Hinterkörper eine scharf abgesetzte, schwarze Mittelbinde, seitlich davon weiße Streifen und schließlich wieder schwarze Seitenränder, so daß es etwas an *Phlegra fasciata* erinnert.

P. encarpatus ist überall ziemlich selten, wird aber im östlichen Mitteleuropa häufiger. Man findet sie vor allem unter Baumrinde, aber auch unter Steinen.

Pellenes tripunctatus

Pellenes tripunctatus wird etwa 5 mm groß. Der schwarz pigmentierte Körper ist weißgrau, schwarz und braun behaart. Auf dem Rücken des Opisthosoma bildet die weiße Behaarung ein sehr markantes, kreuzförmiges Muster auf schwarzem Grund. Die Pedipalpen sind weißgelb mit weißer Behaarung.

P. tripunctatus ist in Süd- und Mitteldeutschland auf Trockenrasen weit verbreitet. Man findet die Spinne am leichtesten, wenn man im ausklingenden Winter leere Häuser von Heideschnecken der Gattung *Helicella* sammelt. In solchen Gehäusen überwintert diese Art, aber auch andere Springspinnen, regelmäßig. Sie webt im Inneren einen allseits geschlossenen Gespinstsack (links im Bild ist im Schneckenhaus das geöffnete Gespinst sichtbar). In die Wärme gebracht, kommt manchmal aus fast jeder zweiten *Helicella* eine Spinne hervor.

Auch eine weitere, wesentlich seltenere Art aus dieser Gattung, *Pellenes nigrociliatus*, überwintert in Schneckenhäusern (HORN 1980). Darüber hinaus spinnt sie dort auch ihre Eikokons. Sie unterscheidet sich von *P. tripunctatus* durch ihre Hinterleibszeichnung: Die weißen Querflecken sind weit von der Längsbinde entfernt.

Pseudicius encarpatus, (Butzen BR) 9. 4. 91
P. tripunctatus auf dem Winterquartier, einer Heideschnecke
(Helicella itala), (Barterode SN) 28. 3. 77

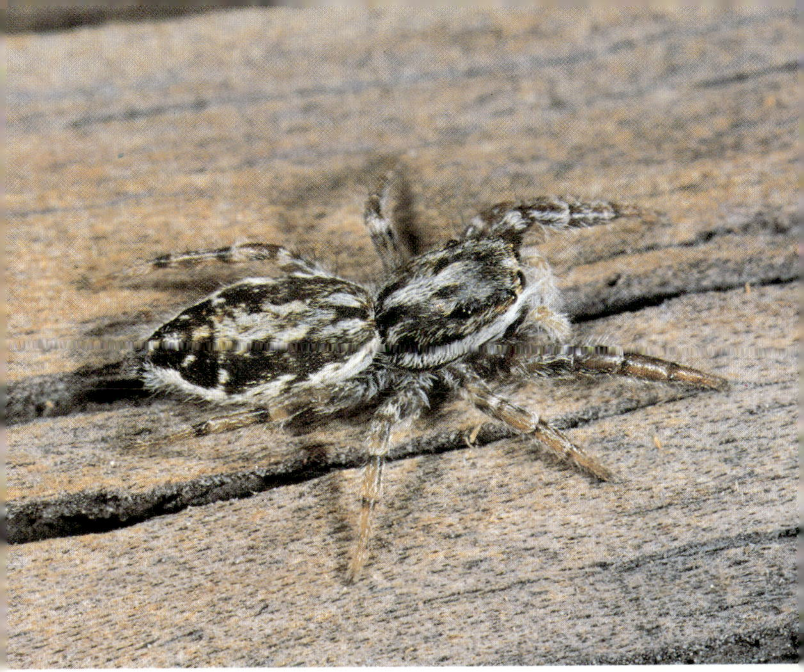

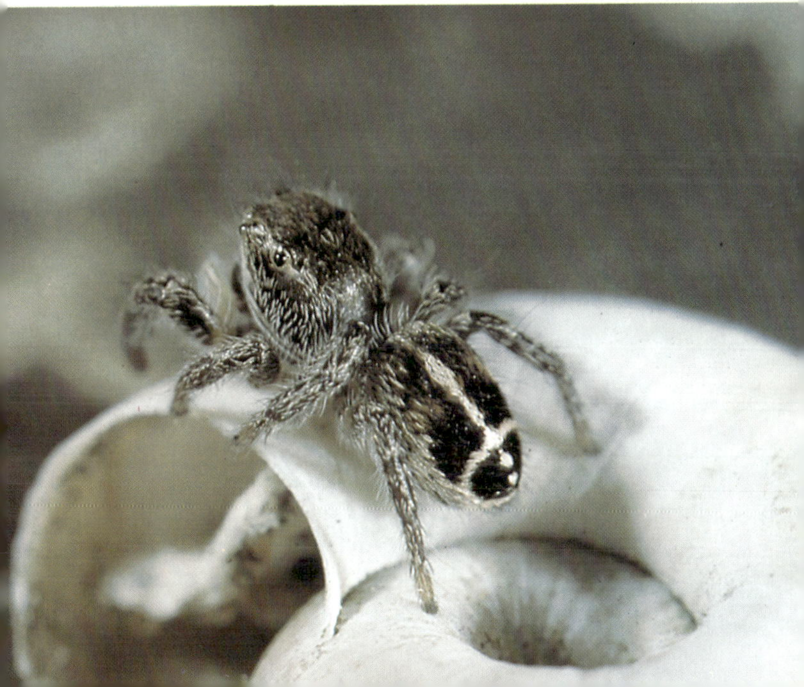

Familie Salticidae (Springspinnen)

2 G Philaeus chrysops

Diese sicher schönste mitteleuropäische Springspinne ist zugleich auch unsere größte Art dieser Familie: Sie kann bis zu 12 mm Körperlänge erreichen. Auch die Männchen können diese Maximalgröße erreichen; meist bleiben sie jedoch deutlich kleiner als die Weibchen (die kleinsten Exemplare werden gerade 5 mm groß). Die Färbung und Zeichnung ist außerordentlich variabel, besonders beim Weibchen. Seine Grundfärbung ist dunkelbraun oder grau mit zahlreichen weißgrauen, etwas struppig wirkenden Haaren. Über die Mitte des Hinterleibs läuft ein schwarzbrauner Spießfleck bis zum Hinterende. Seitlich davon ist der Hinterkörper deutlich aufgehellt; oft erscheint diese Aufhellung rein weiß und kann dann, wie beim abgebildeten Weibchen, zwei scharf abgesetzte, weiße Längsbinden bilden. Weiße Haarflecke finden sich oft auch zwischen und hinter den Frontalaugen. Beim Männchen dagegen erscheint der Vorderkörper fast einheitlich schwarz. Sein leuchtend hellrot gefärbter Hinterkörper trägt wie beim Weibchen in der Mitte einen schwarzen Spießfleck, der aber meist schon deutlich vor der Hinterleibspitze endet und innen oft rot gezeichnet ist. Die beiden vorderen Beinpaare sind teilweise leuchtend gelb, die hinteren nur weiß behaart. Die Reifezeit reicht von Mai bis Juli.

Ph. chrysops ist eigentlich eine Art des Mittelmeergebiets, wo sie stellenweise zu den häufigsten Springspinnen gehört. In Mitteleuropa ist ihr Vorkommen auf ausgesprochene Wärmegebiete beschränkt; sie kommt hier vor allem im Oberrheintal (Kaiserstuhl und Elsaß) und im nördlichen Bayern vor, zählt aber zu den stark gefährdeten Arten. Aus diesem Grund wurde sie auch in die Liste der besonders geschützten Spinnen aufgenommen.

Ihr bevorzugter Lebensraum sind warme, mit Steinen durchsetzte Trockenrasen, auf denen durch angrenzendes Gebüsch ein gewisser Windschutz gegeben ist. Hier sieht man beide Geschlechter vor allem am Boden und auf Steinen, seltener auch im niedrigen Gebüsch umherlaufen. Die Männchen tragen untereinander gelegentlich auffallende Scheinkämpfe aus. Dabei, wie auch in der Balz, spielt ihre markante Färbung offenbar eine wichtige Rolle. Die Weibchen stellen unter Steinen in einem Gespinstsack ihren Eikokon her und bewachen ihn.

Philaeus chrysops, Männchen, (Ucka/Istrien) 11. 6. 90
Philaeus chrysops, Weibchen, (Soulzmatt EL) 12. 5. 91

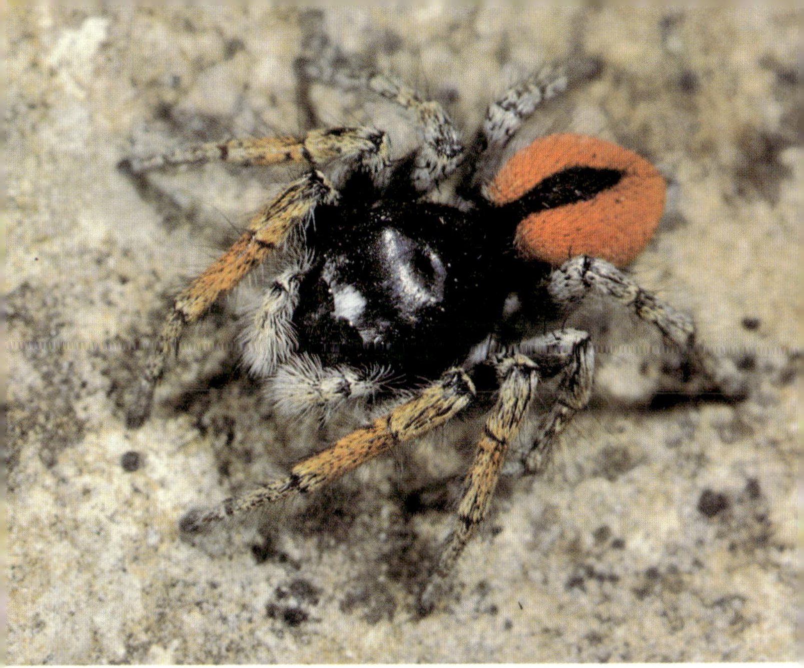

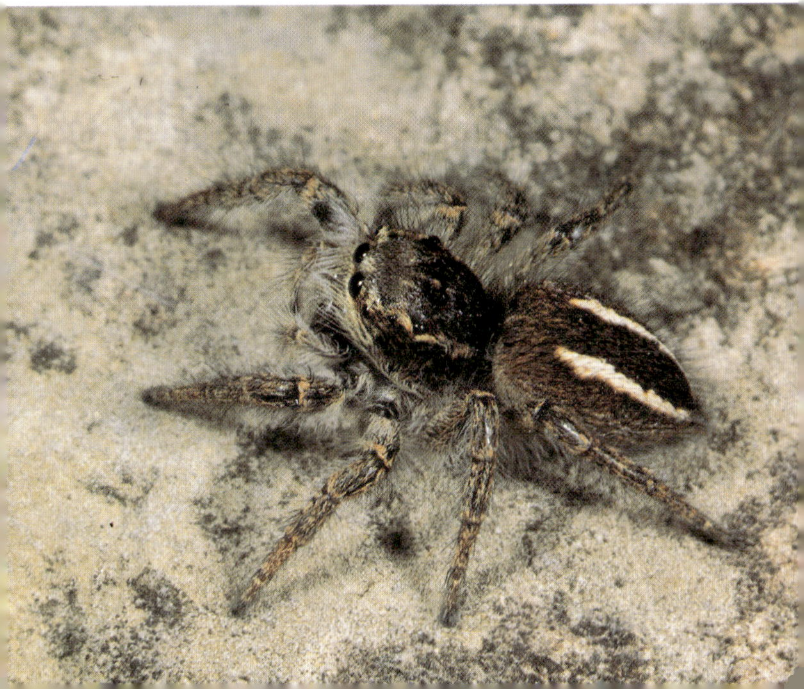

Familie Salticidae (Springspinnen)

2 **Yllenus arenarius**

Yllenus arenarius wird etwa 6 mm groß. Der Körper einschließlich der Beine ist dicht, fast pelzartig, mit weißen, gelbbraunen und braunen Haaren bedeckt. Die verschiedenfarbigen Haare bilden ein scheckiges Muster, so daß die Spinne, ähnlich wie die Wolfsspinne *Arctosa perita* (S. 132), auf vegetationsfreiem Sandboden fast unsichtbar wird. Das Männchen (Bild) ist auf der Oberseite des Prosoma dunkelbraun gefärbt; auffallend sind außerdem seine sehr massigen, fransig behaarten Pedipalpen. Das deutlich hellere Weibchen trägt über den Frontalaugen dicke, schwarze Borsten, die wie »Augenwimpern« wirken.

Die Art lebt fast ausschließlich auf Sanddünen, oft in Gesellschaft von *Arctosa perita*. Sie ist im westlichen Mitteleuropa sehr selten, wird aber in Ostdeutschland etwas häufiger. Durch das Schwinden geeigneter Lebensräume ist sie inzwischen stark gefährdet (in der roten Liste wurde sie irrtümlich unter »ausgestorben oder verschollen« eingestuft). Reife Tiere sieht man im Herbst und im Frühjahr, manchmal schon an den ersten warmen Tagen im Februar.

Euophrys frontalis

Diese recht kleine Springspinne (Körperlänge 3–4 mm) gehört zu einer artenreichen Gattung, die in Mitteleuropa mit etwa 10 durchwegs kleinen bis sehr kleinen Arten vertreten ist. Das Weibchen (Bild) ist blaß gelblich gefärbt mit in Streifen angeordneten, dunklen Flecken auf dem Hinterkörper, einem dunklen Randstreifen am Vorderkörper und einem dunkler abgesetzten Augenfeld. Die Beine sind einheitlich hell. Das Männchen ist viel stärker verdunkelt, vor allem am Vorderkörper; auch die Vorderbeine sind schwarz mit deutlich abgesetzten, weißen Tarsen. Seine Augen sind lebhaft rot umrandet, die Pedipalpen schwarz und weiß gestreift, so daß sein »Gesicht« ausgesprochen bunt erscheint. Adulte Tiere treten von April bis Juli auf.

Die Art kommt ziemlich häufig an sonnigen, trockenen Stellen vor, besonders regelmäßig sieht man sie auf Steinhaufen an offenen Wegrändern oder auf Trockenrasen. Die Männchen balzen mit auffallenden Winkbewegungen der Pedipalpen und Vorderbeine vor den Weibchen.

Yllenus arenarius, Verden/Aller 3. 9 81
Euophrys frontalis, (Sinabronn SA) 21. 5. 89

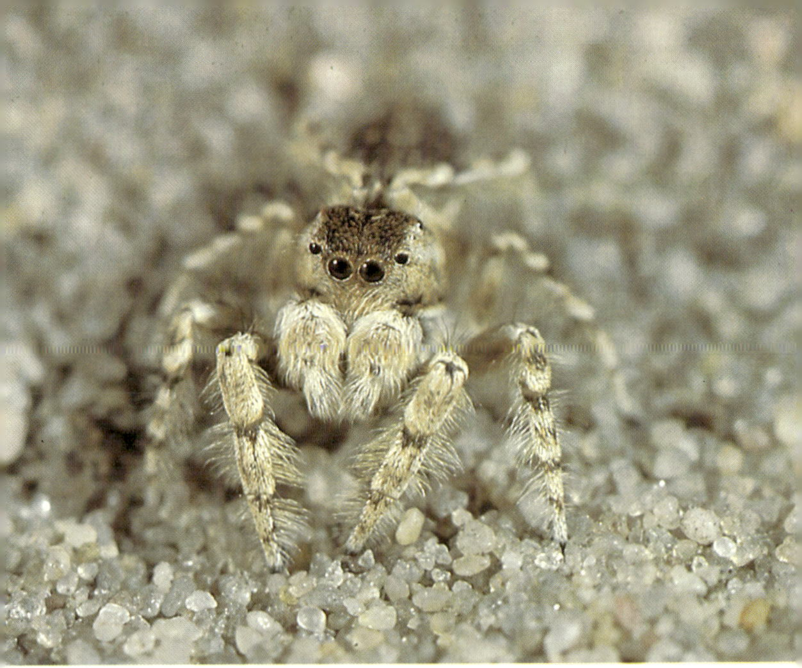

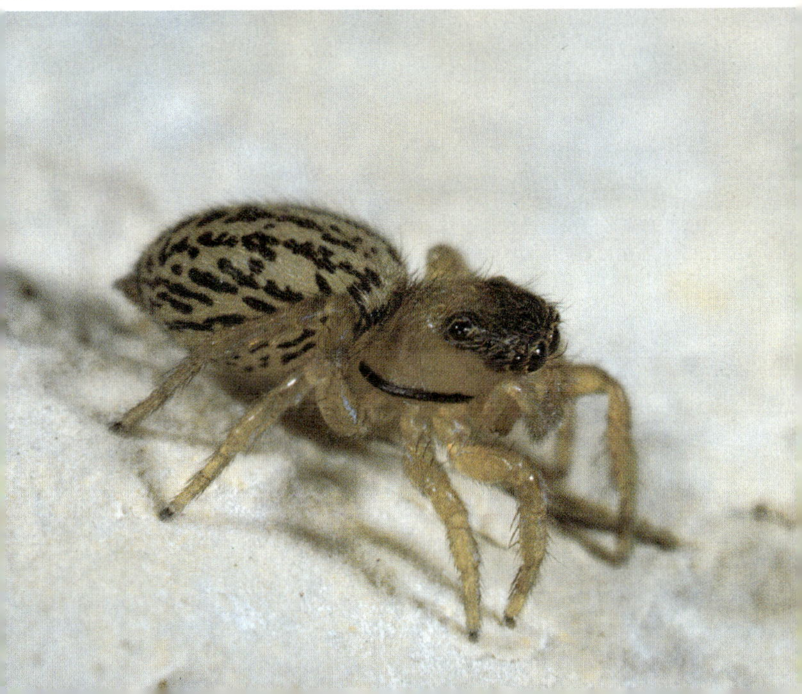

Familie Salticidae (Springspinnen)

③ Sitticus floricola (= S. littoralis)

Die Gattung *Sitticus* ist in Mitteleuropa mit 12 Arten vertreten. *S. floricola* gehört mit 4–8 mm Körperlänge zu ihren Vertretern. Die Grundfärbung ist dunkelbraun mit einer beim Weibchen meist nicht besonders deutlichen, helleren Fleckenzeichnung. Diese besteht vor allem aus zwei weißlichen Fleckenpaaren oben auf dem Opisthosoma, einem kleineren im vorderen Abschnitt und einem größeren kurz hinter der Mitte. Das deutlich dunklere Männchen ist dagegen viel kontrastreicher gezeichnet. Bei ihm treten die weißen Fleckenpaare auf dem Hinterkörper klar hervor, außerdem ist oben auf der Stirn, kurz hinter den Frontalaugen, eine schneeweiße Querbinde zu erkennen. Auch die Beine und die Pedipalpen sind schwarzweiß geringelt bzw. gefleckt. Außer schwarzen und weißen Haaren sind in verschiedenen Körperpartien auch leuchtend braunrote Haare zu erkennen. Reife Tiere treten vom Frühjahr bis weit in den Sommer hinein auf.

Die Spinne ist in Mitteleuropa weit verbreitet und gebietsweise recht häufig; sie ist aber vielerorts mit dem Rückgang geeigneter Lebensräume schon deutlich seltener geworden und gilt daher als gefährdet. Ihr typischer Lebensraum sind feuchte Wiesen, Moore und Ufer stehender Gewässer. Hier bauen beide Geschlechter sehr markante Gespinstsäcke an Pflanzen, bevorzugt an Blüten- und Fruchtständen von Binsen und Wollgräsern. Die Tiere zeigen dabei einen ganz auffallenden Hang zur Geselligkeit, speziell die Weibchen, die in solchen Gespinsten auch ihren Eikokon bewachen. Nicht selten findet man dichte Klumpen von 10 und mehr derartigen Wohngespinsten, die eng miteinander versponnen sind und zusammen etwa Walnußgröße erreichen können. Wenn man diese Gespinste vorsichtig öffnet, springen die Bewohner meistens blitzschnell heraus und verbergen sich anschließend im dichten Pflanzengewirr am Erdboden.

Eine ähnlich große und als Weibchen auch ähnlich gezeichnete Art dieser Gattung, *Sitticus pubescens,* ist nicht selten an alten Gemäuern, Felsen und Lößwänden zu beobachten. Das Männchen dieser Art ist aber viel unscheinbarer gefärbt als das von *S. floricola.*

Gespinste von *Sitticus floricola*, Neuenkirchen LH 2. 8. 91
Sitticus floricola, Männchen, (Limsdorf BR) 6. 5. 90
Sitticus floricola, Weibchen, Neuenkirchen LH 2. 8. 91

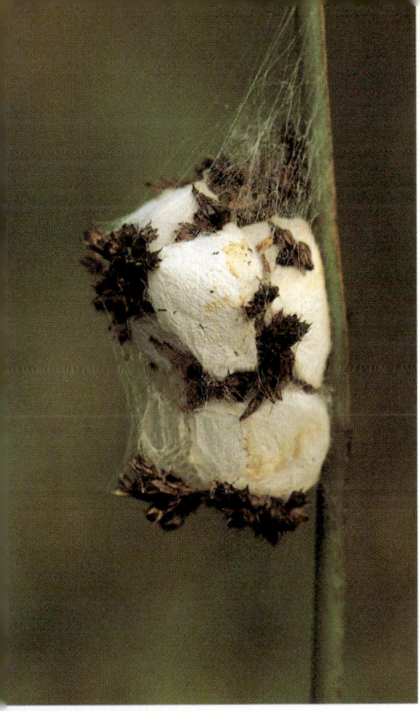
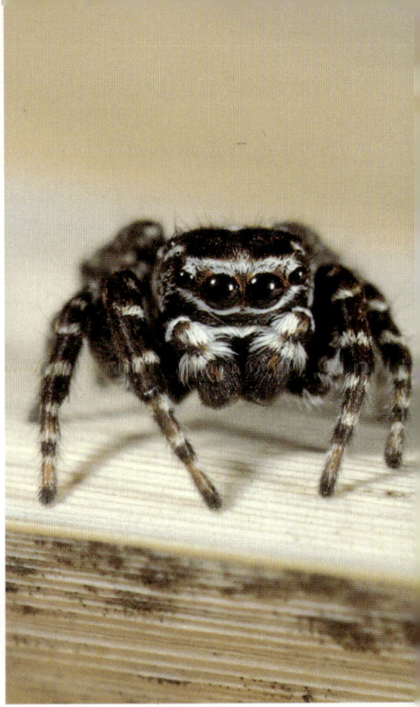
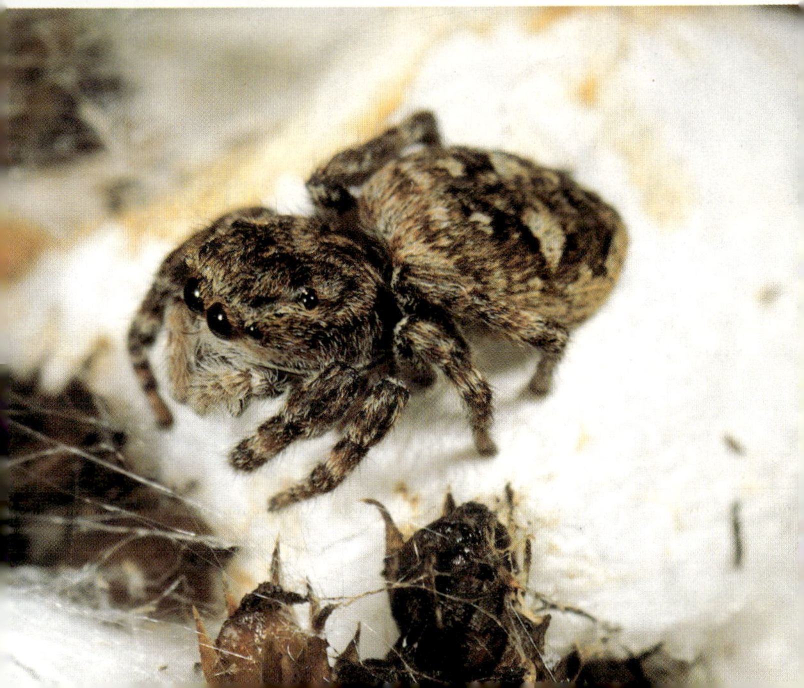

Familie Salticidae (Springspinnen)

Heliophanus aeneus (= H. muscorum)

Die Gattung *Heliophanus* ist bei uns mit 12 Arten vertreten, die sich durch einen spärlich behaarten, schwarzen Körper mit auffälligem Metallglanz auszeichnen. Die einzelnen Arten sind nicht leicht zu unterscheiden. *Heliophanus aeneus* erreicht etwa 5 mm Körperlänge. Die Pedipalpen sind beim Weibchen bis auf den schwarzen Femur weißgelb, die Beine überwiegend schwarz, mit helleren Tarsen und Metatarsen. Das Opisthosoma ist vorn und seitlich schmal weiß gerandet. Auf seiner Oberseite befinden sich in der Mitte zwei kleine weiße Haarpunkte, kurz vor dem Hinterende zwei größere. *H. aeneus* ist eine der häufigeren Arten dieser Gattung. Die Spinne lebt vorzugweise an warmen, steinigen Hängen. Im Winter findet man sie in allseits geschlossenen Gespinstsäcken unter Steinplatten, oft eine größere Zahl von Tieren beieinander.

Heliophanus cupreus

Diese zweite *Heliophanus*-Art bleibt etwas kleiner als *H. aeneus*; sie erreicht höchstens 5 mm Körperlänge. Der dunkel gefärbte Körper glänzt in auffallender Weise grün und golden metallisch. Auf dem Vorderkörper liegen zwei schmale, weiße Querbinden; der Hinterkörper trägt außer einer weißen Randbinde zwei weiße Fleckenpaare in sehr variabler Ausdehnung (gelegentlich können diese auch fehlen). Die Pedipalpen und die Beine sind im Unterschied zu *H. aeneus* hellgelb gefärbt, letztere sind an Schenkeln und Schienen schwarz gestreift. Beim Männchen fehlt meist die Weißzeichnung auf dem Körper, und auch die Beine sind ausgedehnter dunkel gestreift. Adulte Tiere treten im Frühjahr und Sommer auf.

Die Art gehört zu den häufigsten Vertretern der Gattung, man findet sie vor allem an Waldwegen und sonnigen Waldrändern im Gebüsch und in der niedrigen Vegetation. Es gibt bei uns noch mehrere ähnliche *Heliophanus*-Arten.

Heliophanus aeneus, (Sinabronn SA) 17. 12. 89
Heliophanus cupreus, (Ulm SA) 1. 7. 89

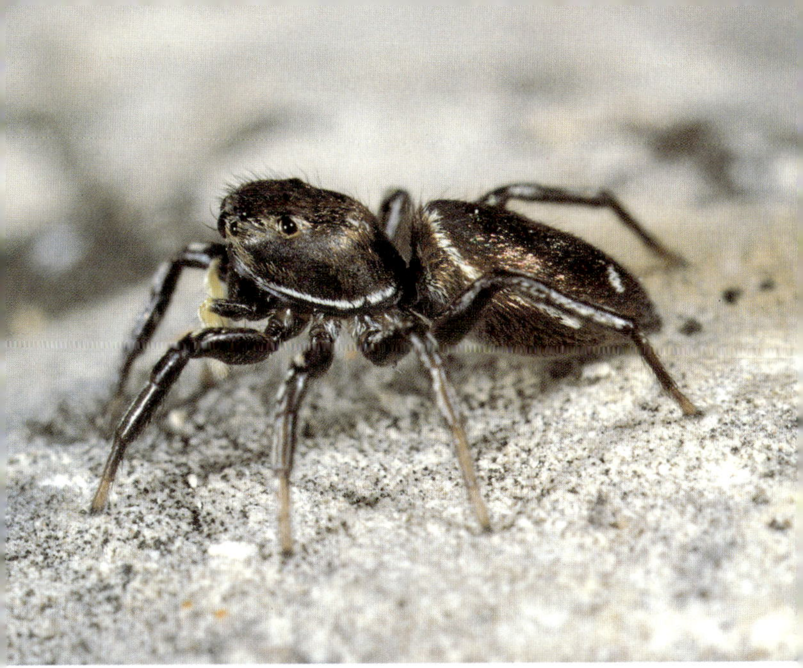
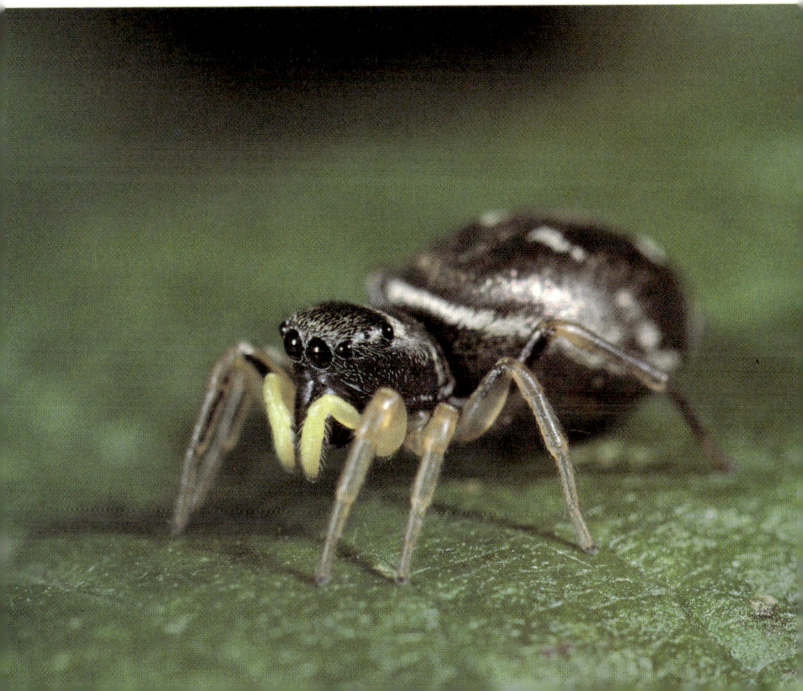

Familie Salticidae (Springspinnen)

Myrmarachne formicaria (= M. joblotii)
(Ameisenspringspinne)

Das Prosoma der sehr schlanken, 5–6,5 mm großen Spinne täuscht durch eine Einschnürung Kopf und Thorax vor. Die Pedipalpen sind zur Spitze hin flachgedrückt und beilförmig verbreitert, so daß sie Ameisenmandibeln ähneln. Beim Laufen trägt die Spinne ihr vorderes Beinpaar zitternd emporgehalten wie eine Ameise ihre Fühler. Auch das Problem der falschen Beinzahl wird auf diese Weise elegant gelöst. Das Männchen (abgebildet ist ein Weibchen) besitzt sehr lange, gerade vorgestreckte Cheliceren.

Die Ameisenspringspinne kommt in Mitteleuropa vorwiegend an wärmeren Stellen vor, geht aber in günstigen Gegenden ziemlich weit nach Norden (Werratal). Sie lebt weniger auf ausgesprochenen Trockenrasen, sondern eher an Orten mit einer gewissen Feuchtigkeit, z. B. auf Streuobstwiesen und am Ufer von Gewässern. Zur Überwinterung verkriecht sie sich mit Vorliebe in leeren Schnekkenhäusern, besonders in etwas größeren (Schnirkelschnecken, Weinbergschnecken). Reife Tiere kann man fast das ganze Jahr hindurch finden, auch mitten im Winter.

Synageles venator

Diese recht kleine Springspinne (Körperlänge bis 4 mm) ähnelt ebenfalls sehr einer Ameise. Sie trägt im Unterschied zu *M. formicaria* auf dem Vorderkörper eine schmale, weiße Querbinde und zwei weitere Binden sowie einen kleinen, weißen Haarfleck auf dem Hinterkörper. Oft sind diese Muster aber nicht so klar zu erkennen, da die Haare abgerieben sein können. Beim Laufen tastet sie, anders als die Ameisenspringspinne, meist mit dem zweiten Beinpaar (wie auf dem Bild sichtbar). Adulte Tiere sind fast ganzjährig zu finden.

Die Art lebt vorwiegend an Zaunpfählen, Baumstämmen und selbst an Hausfassaden; sie ist in Mitteleuropa weit verbreitet und gebietsweise ziemlich häufig.

ENGELHARDT (1971) konnte übrigens nachweisen, daß Singvögel, die schon einmal schlechte Erfahrungen mit Ameisen gemacht haben (unangenehmer Geschmack wegen der Ameisensäure), Spinnen dieser Art als Nahrung verschmähen; diese Beobachtung dürfte den Sinn und Zweck einer »Ameisenmimikry« hinreichend erklären.

Myrmarachne formicaria, (Werleshausen NH) 8. 2. 91
Synageles venator, (Oberfahlheim BS) 27. 5. 89

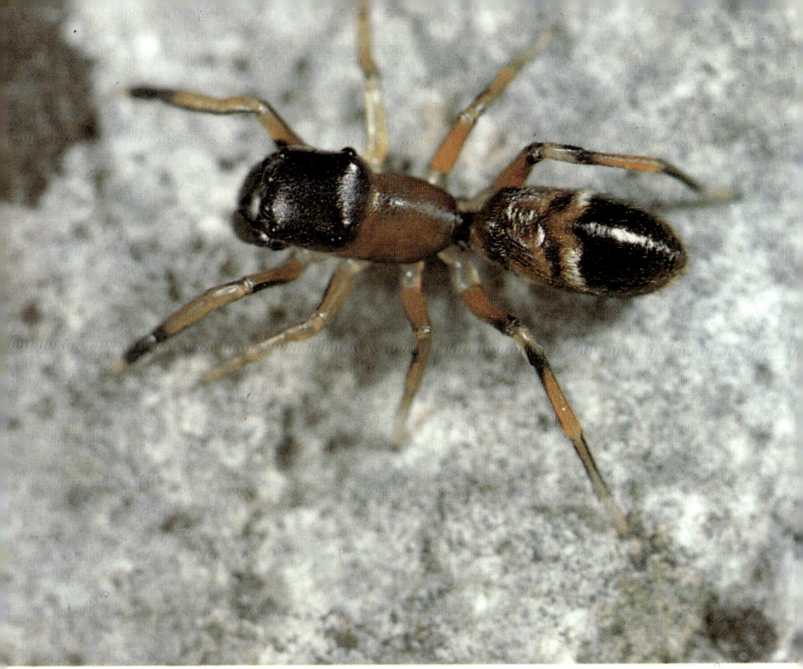
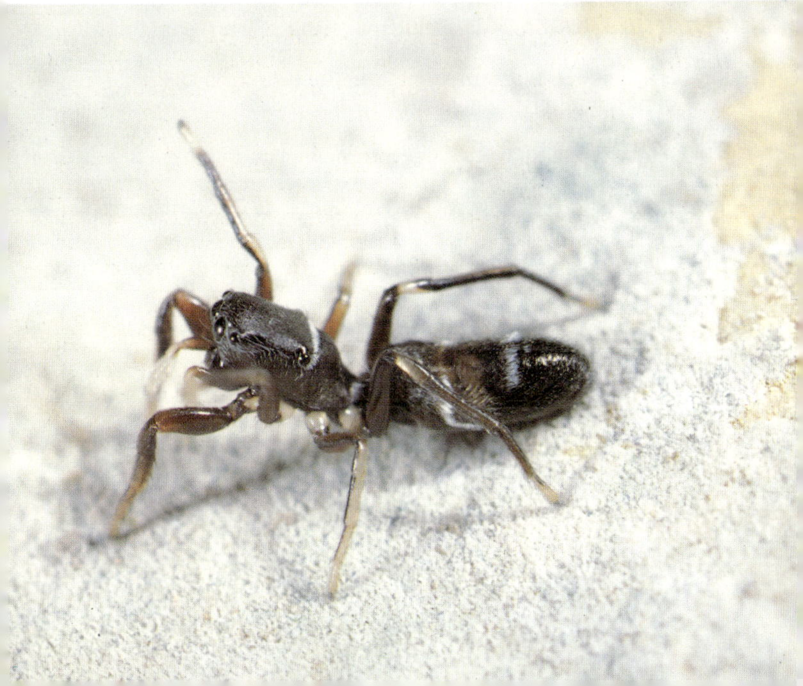

Die übrigen Spinnentiere

Ordnung Scorpiones (Skorpione)

Die Skorpione gelten als die ursprünglichsten der heute lebenden Spinnentiere. Ihr Prosoma ist in ganzer Breite mit dem Opisthosoma verbunden; dieses ist aber unterteilt in ein breites Mesosoma und ein schmales, sehr bewegliches Metasoma. Die Metasoma endet mit einer Giftblase und einem Stachel. Einige der tropischen Arten verfügen über gefährliche, z.T. auch für den Menschen lebensbedrohliche Gifte. Die Cheliceren sind klein und scherenförmig. Die langen, waagerecht abgespreizten Pedipalpen tragen dagegen sehr große Scheren. Die Augen liegen in der Mitte des Prosomarückens (ein Paar) sowie vorn an dessen Seiten (2–5 Paare).

Die Beute, meist sind es Arthropoden, wird mit den Pedipalpenscheren ergriffen, durch den weit nach vorn gebogenen Giftstachel getötet und dann zur weiteren Bearbeitung an die Cheliceren übergeben.

Die Paarung ist – wie auch bei der folgenden Ordnung – mit einem amüsanten Tanz verbunden. Das Männchen ergreift die Pedipalpen des Weibchens, führt es hin und her und setzt dann eine kompliziert gebaute, gestielte Spermatophore ab. Dann dirigiert es das Weibchen so lange, bis dieses das Samenpaket mit seiner Genitalöffnung aufnehmen kann. Die jungen Skorpione werden lebend geboren und besteigen den Rücken der Mutter. Sie beteiligen sich an deren Nahrungsaufnahme und werden nach einigen Häutungen selbständig.

In Deutschland kommen keine Skorpione vor. Bereits in Südtirol aber leben drei *Euscorpius*-Arten, am häufigsten *Euscorpius italicus*. Er erreicht 3,5 cm Körperlänge und ist etwa im Gardaseegebiet unter Steinen nicht selten. Sein Stich ist harmlos und entspricht etwa einem Wespenstich. Sehr schmerzhaft dagegen ist ein Stich des mediterranen *Buthus occitanus*, der besonders in Spanien vorkommt. Dieser Skorpion ist mehr strohgelb gefärbt, hat auffallend schmale Scheren und ein sehr kräftiges Metasoma. Sein Stich ist oft mit vorübergehenden Lähmungserscheinungen verbunden.

Euscorpius italicus, italienischer Skorpion,
(Gardaseegebiet) 17. 4. 78
E. italicus, Skorpionweibchen mit Jungen,
(Scarlino/Toscana) 10. 9. 79

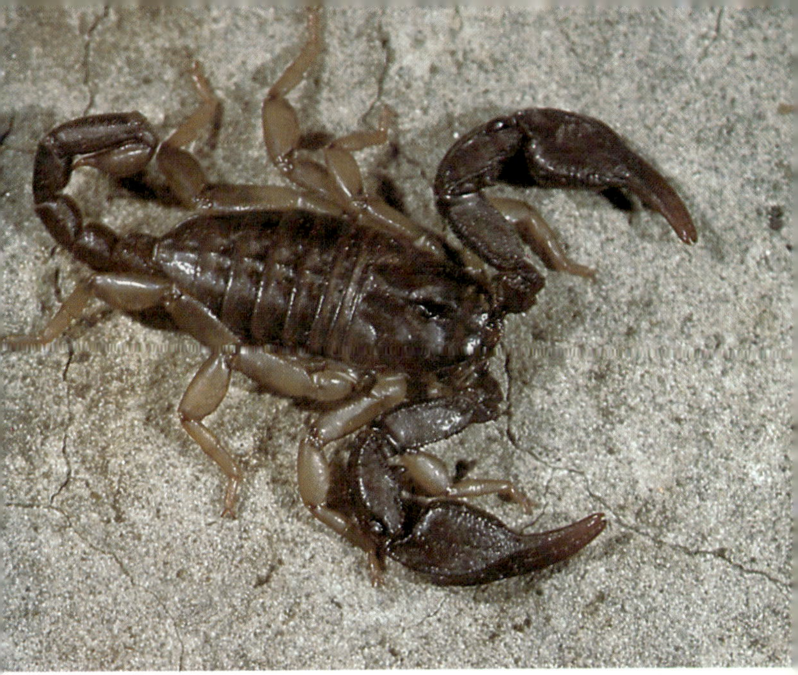

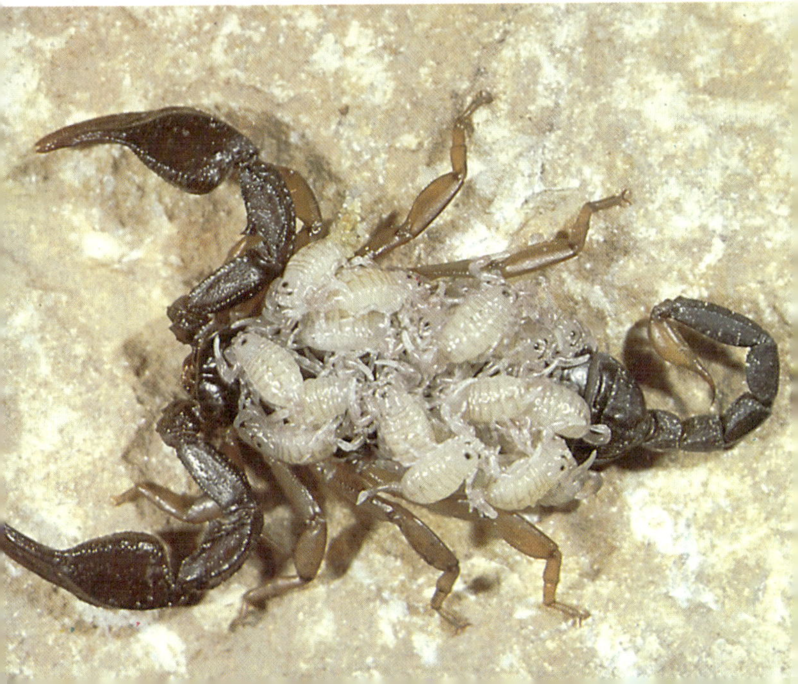

Ordnung Pseudoscorpiones (Pseudoskorpione)

Die Pseudoskorpione sind Zwergformen von 1–4,5 mm Größe. Ihr deutlich segmentiertes Opisthosoma ist in ganzer Breite mit dem Prosoma verbunden. Da die langen Pedipalpen Scheren tragen, erscheinen die Tiere skorpionähnlich. Im Gegensatz zu wirklichen Skorpionen fehlt aber das schwanzartige, schmale Metasoma mit dem Giftstachel. Doch auch die Pseudoskorpione besitzen Giftdrüsen. Sie münden in einem oder beiden Scherenfingern der Pedipalpen. Die kleinen Cheliceren sind ebenfalls scherenförmig; in ihren Spitzen münden Spinndrüsen. Für längere Ruheperioden und zur Häutung weben sie damit flache Gespinstnester.

Pseudoskorpione leben z. B. am Waldboden, unter Baumrinde, in alten Vogelnestern oder in Häusern. Manche Arten findet man häufiger an Fliegenbeinen festgeklammert. Sie ergreifen und töten ihre Beutetiere, wie kleine Springschwänze, Staubläuse und dergl., mit den Pedipalpenscheren und reichen sie an die Cheliceren weiter. Dort wird die Beute durchgeknetet, mit Verdauungssaft beträufelt und ausgesogen.

Bei der Paarung ergreift das Männchen sein Weibchen an den Pedipalpenscheren und tanzt mit ihm vor und zurück. Dann setzt es eine gestielte Spermatophore ab und zieht das Weibchen darüber. Dieses nimmt die Spermaflüssigkeit mit seiner Genitalöffnung auf. Das Paarungsverhalten kann auch in unterschiedlicher Weise abgewandelt sein. Die Männchen mancher Arten setzen z. B. wahllos Spermatophoren ab, die von den Weibchen ganz zufällig gefunden werden.

Hochinteressant ist auch das Brutpflegeverhalten. Das Weibchen trägt seine Eier in einem aus Sekret gebildeten Brutsack unter dem Opisthosoma. Die Embryonen werden darin ständig mit Nährflüssigkeit versorgt, bis schließlich fertige, kleine Pseudoskorpione schlüpfen. Weitere Einzelheiten zur Lebensweise dieser interessanten Tiergruppe finden sich bei WEYGOLDT (1966).

Von den etwa 30 heimischen Arten können zwei vorgestellt werden. *Chelifer cancroides*, der bis 4,5 mm große Bücherskorpion, wird gelegentlich in alten Büchern angetroffen, wo er Jagd auf Staubläuse macht. *Neobisium muscorum*, der etwa 3 mm große Moosskorpion, lebt sehr häufig am Waldboden. Er ist am sichersten durch Sieben der Streuschicht zu finden.

Chelifer cancroides, der Bücherskorpion, (Lautern SA) 5. 2. 77
Neobisium muscorum, (Göttingen SN) 2. 72

Ordnung Opiliones (Weberknechte)

Die Weberknechte sind zumeist sehr langbeinige Spinnentiere, bei denen Pro- und Opisthosoma zu einer kompakten 2–12 mm großen Einheit verschmolzen sind. Die langen Tarsen der Beine sind durch zahlreiche Scheingelenke sehr beweglich; sie können wie Lassos um Pflanzenstengel gerollt werden. Die Cheliceren sind lang, die Pedipalpen tasterförmig. Die zwei Augen liegen an den Seiten eines Augenhügels in der Körpermitte.

Die meisten Weberknechte leben am Waldboden oder in der Krautschicht, einige auch an oder in Häusern. Sie ernähren sich von lebenden und toten Tieren, anscheinend auch teilweise von Pflanzen. Die Lebensweise, speziell auch die Ernährungsweise, ist aber bisher noch wenig erforscht.

Die Paarung erfolgt durch ein Begattungsglied (Penis), das vom Männchen unter den Bauchplatten hervorgeschoben wird. Das Weibchen besitzt eine sehr lange, biegsame Legeröhre, mit der es seine Eier im Erdboden oder unter Holzstücken ablegt.

Für Weberknechte gibt es sehr gutes Bestimmungsbuch (Martens 1978). Von den etwa 40 heimischen Arten werden zwei vorgestellt. *Amilenus aurantiacus* ist eine Art des Waldbodens. Dieser (ohne Beine) etwa 4 mm große Weberknecht lebt vor allem in felsigen Gebieten und wandert im Herbst subadult in Höhlen ein, um dort den Winter zu verbringen. Hier häutet er sich ein letztes Mal, kehrt im Frühjahr in den Wald zurück und legt am Boden seine Eier ab. Ein sehr seltener Weberknecht ist *Ischyropsalis hellwigi*, der Schneckenkanker. Er ist schwarz gefärbt und besitzt außerordentlich lange und kräftige Cheliceren. Diese übertreffen mit mehr als 1 cm Länge die Körperlänge (ca. 7 mm) deutlich. Mit diesen gewaltigen Werkzeugen bricht der Schneckenkanker die Schalen von Gehäuseschnecken auf und verzehrt den Inhalt. Er lebt in Bergwäldern und wird gelegentlich unter Holzstücken gefunden.

Amilenus aurantiacus, (Schelklingen SA) 11. 11. 79
Ischyropsalis hellwigi
überwältigt eine Schnecke, (Göttingen SN) 7. 74

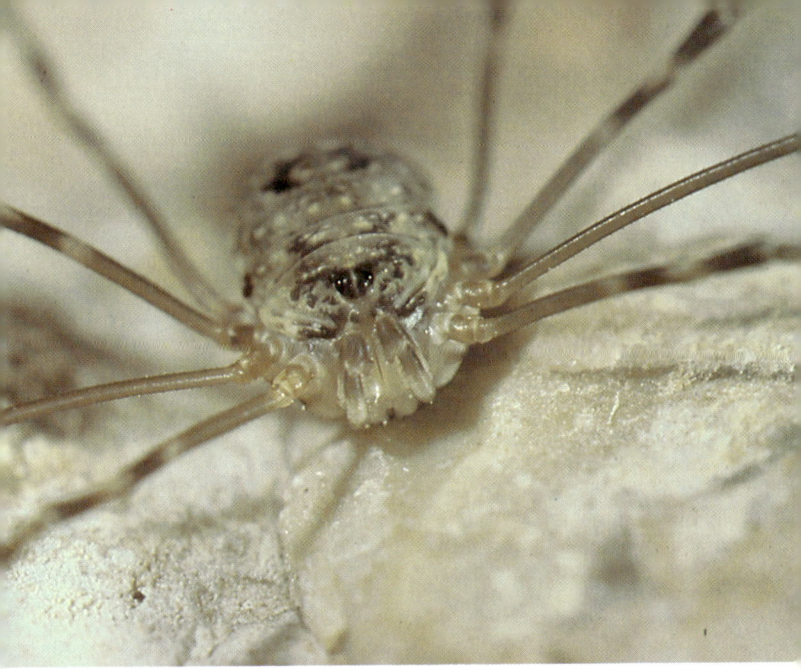

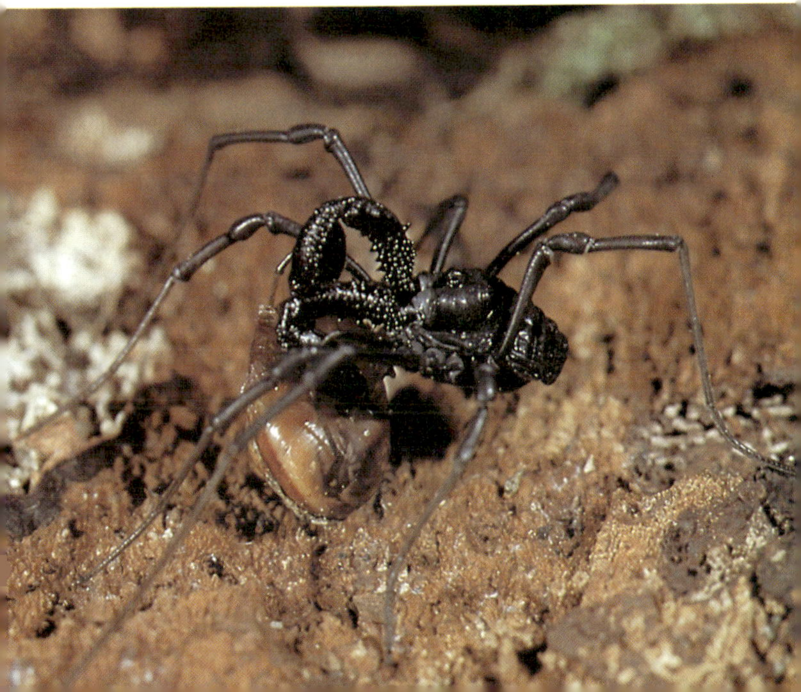

Ordnung Acari (Milben)

Die Milben sind kleine bis winzige Spinnentiere. Die kleinsten Vertreter sind mit etwa 0,1 mm Gesamtlänge zugleich die kleinsten bekannten Arthropoden (Gliederfüßer); die größten erreichen 5 mm. Vollgesogene Zecken können es sogar auf über 1 cm bringen.

Der Körper ist in drei Abschnitte gegliedert. Die ersten beiden Segmente mit Cheliceren und Pedipalpen sind als Gnathosoma vom Vorderkörper abgegliedert. Die beiden folgenden Segmente mit den Laufbeinpaaren 1 und 2 bilden wiederum eine Einheit, das Propodosoma. Die beiden hinteren Laufbeinpaare schließlich sind mit dem Opisthosoma zum dritten Abschnitt, dem Hysterosoma, verschmolzen. Im Zusammenhang mit der Lebensweise finden sich vielfache Abwandlungen des Körperbaus; z. B. können die Beine vollkommen zurückgebildet sein.

Milben bewohnen alle nur denkbaren Lebensräume. Viele Arten sind als Vorratsschädlinge und Parasiten des Menschen wirtschaftlich oder medizinisch sehr bedeutsam. Neben schädlichen Formen gibt es aber weit mehr Milben, die sich als Vertilger kleiner Arthropoden und als Zersetzer organischer Substanz sehr nützlich machen. Von den etwa 10 000 bekannten Milbenarten kommen ca. 3000 in Deutschland vor. Eine Artbestimmung ist außerordentlich schwierig. Aus der großen Formenfülle werden zwei Beispiele gezeigt.

Zu den größten Vertretern der Milben gehören die Zecken der Gattung *Dermacentor*. Diese südlichen Zecken erreichen schon im ausgehungerten Zustand fast 5 mm Körperlänge. Sie kommen auch in Süddeutschland vor und sind durch ihre bunte Emailfärbung sehr auffällig. Neben Blutsaugern an Wirbeltieren gibt es auch Schmarotzer bei niederen Tieren. So entwickeln sich z. B. viele Trombidiiden (Laufmilben) als Larven auf Insekten. Der abgebildete Grashüpfer ist mit zahlreichen derartigen Trombidiidenlarven besetzt, die sich als ungegliederte, sackförmige Parasiten an einer Gelenkhaut festgesogen haben. Später häuten sie sich und gehen zu einer freilebenden, räuberischen Ernährungsweise über.

Dermacentor sp., eine südliche Zecke, (Talamone/Toscana) 14. 11. 79
Milbenlarven (Fam. Trombidiidae) schmarotzen auf einem Grashüpfer
(Chorthippus parallelus), Lautern SA 15. 9. 82

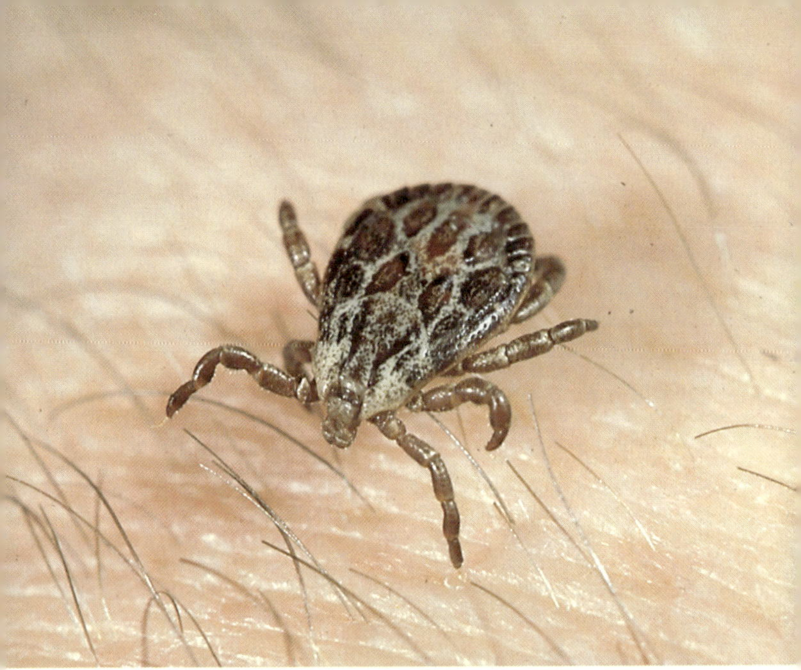

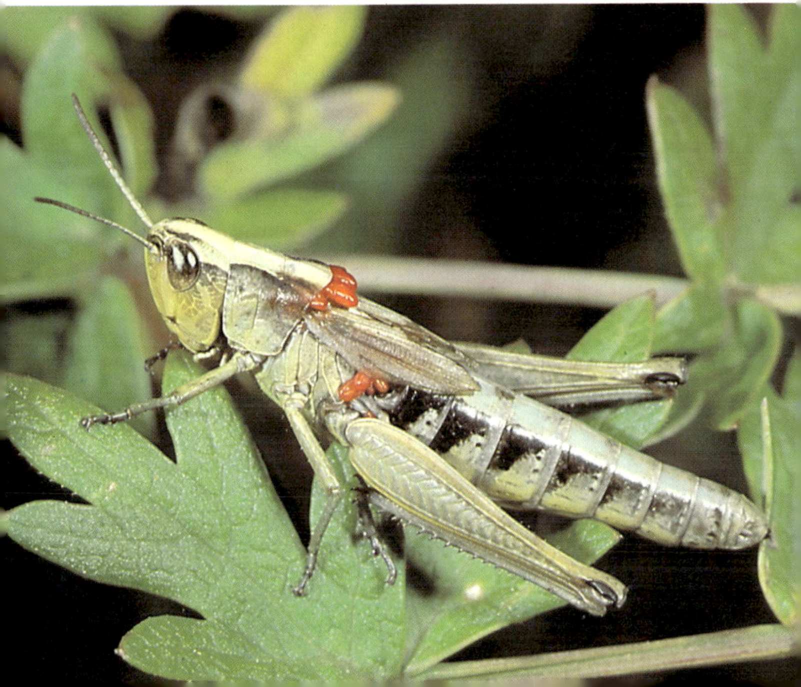

Verzeichnis der Fachausdrücke, Abkürzungen und Symbole

♂ Männchen ♀ Weibchen

adult ausgewachsen

Analhügel Erhebung am Hinterleibsende, in der der After mündet

Arthropoden Gliederfüßer (Insekten, Krebse, Spinnentiere)

Bulbus Anhang des männlichen Pedipalpus zur Spermaübertragung

Calamistrum Kräuselkamm am Metarsus des 4. Laufbeins cribellater Spinnen; mit ihm werden feinste Kräuselfäden auf dickere Grundfäden gelegt

Chelicere 1. Extremität am Vorderkörper der Spinnentiere, bei Spinnen mit Grundglied und Giftklaue

Colulus Rudiment des in der Embryonalentwicklung nachweisbaren, vorderen medianen Spinnwarzenpaares bei ecribellaten Spinnen

Coxa 1. Glied der Laufbeine und Pedipalpen

Cribellatae Kräuselfadenweberinnen, Spinnen mit Cribellum und Calamistrum; zum Beutefang werden Kräuselfäden gewoben

Cribellum Spinnsieb der cribellaten Spinnen, aus dem in der Embryonalentwicklung nachweisbaren, vorderen medianen Spinnwarzenpaar hervorgegangen, in ihm werden feinste Kräuselfäden produziert

dorsal rückenseitig

Ecribellatae Klebfadenweberinnen, Spinnen ohne Cribellum und Calamistrum; zum Beutefang werden Klebfäden gewoben (viele Arten ohne Fangnetz)

Embolus Bulbusspitze, wird vom Männchen in die weibliche Genitalöffnung eingeführt

Entelegynae Spinnen, deren Weibchen eine Epigyne und deren Männchen einen sehr kompliziert gebauten, in Ruhelage eingerollten Bulbus besitzen

Epigyne artspezifisch geformte Chitinplatte über der weiblichen Genitalöffnung entelegyner Spinnen, die nur arteigenen Männchen das Einführen des Embolus gestattet (Schlüssel-Schloß-Prinzip)

Extremitäten Gliedmaßen

Exuvie bei der Häutung zurückbleibende Körperhülle

Fächerlunge paariges Atemorgan der Spinnen: übereinander liegende Blätter in einem Hohlraum des Opisthosoma dienen dem Luftaustausch, der Hohlraum steht durch ein Stigma mit der Außenluft in Verbindung

Femur 3. Glied der Laufbeine und Pedipalpen

Gnathosoma vorderer Körperabschnitt der Milben, an dem Cheliceren und Pedipalpen ansetzen

Habitus Erscheinungsbild

Haematodocha Tasterblase männlicher entelegyner Spinnen; sie dient der Entfaltung des in Ruhelage zusammengerollten Bulbus

Haplogynae Spinnen, deren Weibchen keine Epigyne und deren Männchen einen einfach gebauten Bulbus besitzen

Hilfsspirale Fadenspirale, die bei der Herstellung eines Radnetzes der Stabilisierung des halbfertigen Netzes dient und später – beim Einbau der Fangspirale – wieder entfernt wird

Hysterosoma hinterer Körperabschnitt der Milben, Verschmelzungsprodukt des Opisthosoma mit den beiden letzten Segmenten des Prosoma

juvenil jugendlich

Kommentkampf ritualisiertes Kampfverhalten

Labidognatha Spinnen mit nach unten oder schräg nach vorn gerichteten Grundgliedern der Cheliceren und gegeneinander gerichteten Giftklauen

lateral seitlich

Mesosoma breiter, vorderer Abschnitt des Opisthosoma bei Skorpionen

Metasoma schmaler, hinterer Abschnitt des Opisthosoma bei Skorpionen

Metatarsus 6. Glied der Laufbeine, fehlt beim Pedipalpus

Nabe Zentrum eines Radnetzes

Ocellen Punktaugen

Opisthosoma Hinterkörper der Spinnentiere

Orthognatha Spinnen mit gerade nach vorn gerichteten Grundgliedern der Cheliceren und parallel zueinander ausgerichteten Giftklauen (Vogelspinnen i. w. S.)

Patella 4. Glied der Laufbeine und Pedipalpen

Pedipalpus 2. Extremität am Vorderkörper der Spinnentiere, bei Spinnen tasterförmig

Pedipalpenlade schildförmige Verbreiterung an der Pedipalpencoxa, die – gemeinsam mit der Unterlippe – den Mundvorraum nach unten abschließt

Propodosoma mittlerer Körperabschnitt der Milben, trägt die Laufbeinpaare 1 und 2

Prosoma Vorderkörper der Spinnentiere

Radien Speichen eines Radnetzes

Rahmenfaden äußerer Begrenzungsfaden eines Radnetzes

Retraite ausgesponnener Schlupfwinkel neben einem Fangnetz

S-00 Abbildungen im Bestimmungsschlüssel

Samenschlauch gewundener Schlauch im Bulbus, nimmt vor der Paarung das Sperma auf

Samentaschen paarige Hohlräume unter der weiblichen Genitalöffnung, die bei der Paarung das Sperma aufnehmen

Sektor der von zwei Radien begrenzte Bereich eines Radnetzes

Sexualdimorphismus unterschiedlicher Gestalt der Geschlechter

Signalfaden Verbindungsfaden zwischen Fangnetz und Spinne

sp. species, Art, bezeichnet in abgekürzter Form eine Art, die sich nur bis zur Gattung, also der nächsthöheren Einheit, bestimmen ließ

Spermanetz kleines, meist gabelförmiges Gespinst, auf das das Spinnenmännchen einen Spermatropfen absetzt, den es dann mit dem Bulbus aufsaugt

Spermatophore Samenkapsel, die der indirekten Übertragung des Spermas dient (Skorpione, Pseudoskorpione)

Spinnspulen kanülenartige Haare auf Spinnwarzen und Cribellum, in denen die Spinndrüsen ausmünden

Stabiliment bandförmige Struktur in einem Radnetz, die vermutlich der Tarnung dient

Sternum Bauchplatte

Stigma schlitzförmige oder runde Öffnung der Atemorgane

Stirn steil abfallende Vorderseite des Prosoma

Stridulation zirpende Geräuscherzeugung

subadult im letzten Jugendstadium

Tarsus letztes Glied der Laufbeine und Pedipalpen

Tracheen röhrenförmige Atemorgane der Arthropoden

Trichobothrien gelenkig gelagerte, mit einer Nervenzelle verbundene Haare, mit denen Luftbewegungen wahrgenommen werden können

Trochanter 2. Glied der Laufbeine und Pedipalpen

Unterlippe vom Sternum abgeschnürte Platte, die – gemeinsam mit den Pedipalpenladen – den Mundvorraum nach unten abschließt

ventral bauchseitig

Verwendete Abkürzungen bei den Fundorten hinter den Bildlegenden:

BR Brandenburg
BS Bayerisches Schwaben
EL Elsaß
FR Franken
KS Kaiserstuhl
LH Lüneburger Heide
NH Nordhessen
OS Oberschwaben
SA Schwäbische Alb
SN Südniedersachsen
() Aufnahme nicht am Fundort

Reihenfolge der Bildlegenden bei 4 Fotos auf einer Seite:
links oben, rechts oben, links unten, rechts unten

Kennzeichnung von Arten der roten Liste (HARMS 1984):

2 stark gefährdet

3 gefährdet

4 potentiell gefährdet

G geschützte Art (s. S. 25)

Literaturverzeichnis

Bestimmungsbücher

BELLMANN, H. (1991): Spinnen, Krebse, Tausendfüßer (Steinbachs Naturführer). Mosaik Verlag, München.

CROME, W. (1967): Arachnida – Spinnentiere. In STRESEMANN, E.: Exkursionsfauna von Deutschland, Wirbellose I, 3. Aufl. Verlag Volk und Wissen, Berlin.

DAHL, F. (1926): Spinnentiere oder Arachnoidea I: Springspinnen (Salticidae). In DAHL, F.: Die Tierwelt Deutschlands. Gustav Fischer Verlag, Jena.

DAHL, F. u. M. DAHL (1927): Spinnentiere oder Arachnoidea II: Lycosidae s. lat. (Wolfsspinnen im weiteren Sinne). In DAHL, F.: Die Tierwelt Deutschlands. Gustav Fischer Verlag, Jena.

DAHL, M. u. H. WIEHLE (1931): Spinnentiere oder Arachnoidea VI: Agelenidae – Araneidae. In DAHL, F.: Die Tierwelt Deutschlands. Gustav Fischer Verlag, Jena.

GRIMM, U. (1985): Die Gnaphosidae Mitteleuropas. Abh. Naturw. Ver. Hamburg (NF) 26. Parey Verlag, Hamburg und Berlin.

GRIMM, U. (1986): Die Clubionidae Mitteleuropas: Corinninae und Liocraininae. Abh. Naturw. Ver. Hamburg (NF) 27. Parey Verlag, Hamburg und Berlin.

HEIMER, S. u. W. NENTWIG (1991): Spinnen Mitteleuropas. Parey Verlag, Berlin und Hamburg.

JONES, D. (1983): The Country Life Guide to Spiders of Britain and Northern Europe. Hamlyn Publishing Group, Feltham.

LOCKET, G. H. u. A. F. MILLIDGE (1951): British spiders Vol. I u. II. Ray Society, London. Gemeinsamer Reprint 1975.

LOCKET, G. H., A. F. MILLIDGE u. P. MERRETT (1974): British Spiders Vol. III. Ray Society, London.

MARTENS, J. (1978): Weberknechte, Opiliones. In DAHL, F.: Die Tierwelt Deutschlands. Gustav Fischer Verlag, Jena.

REIMOSER, E., M. DAHL u. H. WIEHLE (1937): Spinnentiere oder Arachnoidea VIII: Gnaphosidae, Anyphaenidae, Clubionidae, Hahniidae, Argyronetidae, Theridiidae. In DAHL, F.: Die Tierwelt Deutschlands. Gustav Fischer Verlag, Jena.

ROEWER, C. F. (1928): Aranea, Echte oder Webespinnen. In BROHMER, P.: Tierwelt Mitteleuropas. Quelle & Meyer Verlag, Leipzig.

SAUER, F. u. J. WUNDERLICH (1982): Die schönsten Spinnen Europas. Fauna-Verlag, Karlsfeld.

SCHAEFER, M. (1971): Chelicerata. In BROHMER, P.: Fauna von Deutschland. 11. Aufl. Quelle & Meyer Verlag, Leipzig.

WIEHLE, H. (1953): Spinnentiere oder Arachnoidea IX: Orthognatha, Cribellatae, Haplogynae, Entelegynae (Pholcidae, Zodariidae, Oxyopidae, Mimetidae, Nesticidae). In DAHL, F.: Die Tierwelt Deutschlands. Gustav Fischer Verlag, Jena.

WIEHLE, H. (1956): Spinnentiere oder Arachnoidea X: Linyphiidae. In DAHL, F.: Die Tierwelt Deutschlands. Gustav Fischer Verlag, Jena.

WIEHLE, H. (1960): Spinnentiere oder Arachnoidea XI: Micryphantidae. In DAHL, F.: Die Tierwelt Deutschlands. Gustav Fischer Verlag, Jena.

WIEHLE, H. (1963): Spinnenwelt oder Arachnoidea XII: Tetragnathidae. In DAHL, F.: Die Tierwelt Deutschlands. Gustav Fischer Verlag, Jena.

Bücher zur Lebensweise

BRISTOWE, W. S. (1971): The World of Spiders. 2. Aufl. Collins New Naturalist, London.

FOELIX, R. F. (1979): Biologie der Spinnen. Georg Thieme Verlag, Stuttgart.

HEIMER, S. (1988): Wunderbare Welt der Spinnen. Urania Verlag, Leipzig, Jena u. Berlin.

KULLMANN, E. u. H. STERN (1975): Leben am seidenen Faden. Bertelsmann Verlag, München.

LOCK, F. (1939): Aus dem Leben der Spinnen. Schriften des deutschen Naturkundevereins. Verlag Hohenlohesche Buchhandlung Ferd. Rau, Öhringen.

NIELSEN, E. (1928-32): The Biology of Spiders. With Especial Reference to the Danisch Fauna. 2. Vol. (I Englisch, II Dänisch). Lewin & Munksgaard, Kopenhagen.

PÖTZSCH, J. (1963): Von der Brutfürsorge heimischer Spinnen. Neue Brehm Bücherei. Ziemsen Verlag, Wittenberg.

SCHMIDT, G. (1980): Spinnen. Lehrmeister-Bücherei. Albrecht Philler Verlag, Minden.

WEYGOLDT, P. (1966): Moos- und Bücherskorpione. Neue Brehm Bücherei. Ziemsen Verlag, Wittenberg.

WIEHLE, H. (1949): Vom Fanggewebe einheimischer Spinnen. Neue Brehm Bücherei. Ziemsen Verlag, Wittenberg.

Spezielle Arbeiten

BECKER, H. (1983): Untersuchungen zur Biologie der Wespenspinne (Argiope bruennichi Scopoli). Zool. Anz. **210,** 14.

BRAUN, R. (1958): Das Sexualverhalten der Krabbenspinne Diaea dorsata (F.) und der Zartspinne Anyphaena accentuata (Walck.) als Hinweis auf ihre systematische Eingliederung. Zool. Anz. **160,** 119.

CROME, W. (1951): Die Wasserspinne. Neue Brehm Bücherei, Geest- & Portig Verlag, Leipzig.

CROME, W. u. I. CROME (1961): Paarung und Eiablage bei Argyope bruennichi (Scopoli) auf Grund von Freilandbeobachtungen an zwei Populationen im Spreewald/Mark Brandenburg. Mitt. zool. Mus. Berlin **37**, 189.

CYMOREK, S. (1969): Trockenpräparationen von weichhäutigen Kleintieren, insbesondere Arthropoden, und von Pflanzenteilen mit Dichlormethan-Eisessig-Silikagel. Natur und Museum **99**, 125.

DABELOW S. (1958): Zur Biologie der Leimschleuderspinne Scytodes thoracia, Zool. Jb. Syst. **86**, 85.

ENGELHARDT, W. (1964): Die mitteleuropäischen Arten der Gattung Trochosa C. L. Koch 1848 (Araneae, Lysodidae). Morphologie, Chemotaxonomie, Biologie, Autökologie. Z. Morph. Ökol. Tiere **54**, 219.

ENGELHARDT, W. (1971): Gestalt und Lebensweise der »Ameisenspinne« Synageles venator (Lucas). Zugleich ein Beitrag zur Ameisenmimikryforschung. Zool. Anz. **185**, 21.

HARMS, K. H. (1984): Rote Liste der Spinnen (Araneae). In BLAB, J. et al. (Hrsg.): Rote Liste der gefährdeten Tiere und Pflanzen in der Bundesrepublik Deutschland. 4. Aufl. Kilda-Verlag, Greven.

HARZ, K. (1975): Eine neue Präparationsmethode von Spinnentieren. Articulata **1**, 2.

HORN, H. (1980): Die Bedeutung leerer Schneckengehäuse für die Überwinterung und das Brutverhalten von Pellenes nigrociliatus L. Koch, 1874 in Steppenrasenformationen. Beitr. naturk. Forsch. Südw.Dtl. **39**, 167.

JOB, W. (1968): Das Röhrengewebe von Aulonia albimana (Walckenaer) (Araneida: Lycosidae) und seine systematische Bedeutung. Zool. Anz. **180**, 403.

JOB, W. (1974): Beiträge zur Biologie der fangnetzbauenden Wolfspinne Aulonia albimana (Walckenaer 1805). Zoll. Jb. Syst. **101**, 560.

KAESTNER, A. (1950): Reaktionen der Hüpfspinnen (Salticidae) auf unbewegte farblose und farbige Gesichtsreize. Zool. Beitr. **1**, 13.

KRAUS, O. u. H. BAUR (1974): Die Atypidae der West-Paläarktis, Systematik, Verbreitung und Biologie. Abh. Verh. naturwiss. Ver. Hamburg (NF) **17**, 85.

KULLMANN, E. u. W. KLOFT (1969): Traceruntersuchungen zur Regurgitationsfütterung bei Spinnen (Araneae, Theridiidae). Zool. Anz. Suppl. **32**, 487.

NØRGAARD, E. (1956): Enviroment and Behavior of Theridion saxatile. Oikos **7**, 159.

TRETZEL, E. (1961a): Biologie, Ökologie und Brutpflege von Coelotes terrestris. Teil I: Biologie und Ökologie. Z. Morph. Ökol. Tiere **49**, 658.

TRETZEL, E. (1961a): Biologie, Ökologie und Brutpflege von Coelotes terrestris. Teil II: Brutpflege. Z. Morph. Ökol. Tiere **50**, 375.

WEIGEL, G. (1941): Färbung und Fabwechsel der Krabbenspinne Misumena vatia. Z. vergl. Physiol. **29**, 195.

197

Register

199